自殺予防と学校
事例に学ぶ

長岡 利貞 *Toshisada Nagaoka* 著

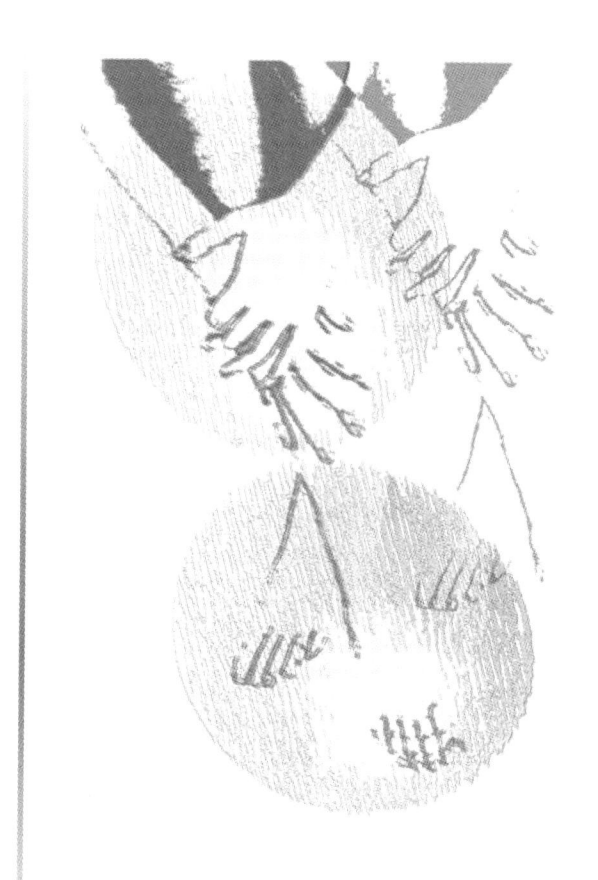

ほんの森出版

「人は自殺の事例研究を，自殺の影を追っているに過ぎないというが，そもそも絵画が恋人の影をなぞることから始まっており（プリニウス『博物誌』35[14]），絵画の中の影がその作品を理解するのに必須であるとする主張を思い出す。」

(ヴィクトル・I. ストイキツァ『影の歴史』平凡社, 2008)

序　章

1. 体験から　*10*

2. 本書の視点 ── 事例に学ぶ意味　*11*

Ⅰ章　さまざまな子どもの死

1 子どもと死　………… *16*

(1) 忘れられている死　*16*　　(2) 教育の中の死　*16*

(3) 子どもたちの中の死　*17*

2 小学生と死　………… *18*

事例①：A　中学2年生女子 ── 小学校時の溺水の体験　*18*

3 中学生と死　………… *19*

事例②：B　中学2年生男子 ── 赤いジャケット　*19*

4 高校生と死　………… *21*

事例③：C　高校2年生女子 ── 死の約束　*21*

事例④：E　高校1年生男子 ── 死への偶然　*22*

5 子どもが死を学ぶ　………… *26*

(1) アメリカでは　*26*　　(2) 一つの提案　*27*

(3) むすび　*29*

Ⅱ章　子どもの自殺

1 小学生のばあい　………… *34*

(1) 小学生の「死」の観念　*34*

(2) 小学生の自殺の特徴　*36*

② 中学生のばあい ………… 39
　(1)「友の騒ぎに慰もる…」ということ 40
　(2) 思春期は危機？ 41
　事例⑤：F　中学3年生女子 ― 死の想いにとりつかれて 42
　事例⑥：G　中学2年生男子 ― 鉄塔の上から 46
③ 高校生のばあい ………… 50
　事例⑦：H　高校2年生女子 ― 助けられなかっただろうか 50
④ 高校生の自殺観 ………… 62
⑤ 自殺率増加の背景 ………… 64

Ⅲ章　多様な思春期事例

① 足摺に消える ― 体験自殺 ………… 70
　事例⑧：I　高校3年生男子 ― 長い死への思い 70
② アクティング・アウト（行動化）………… 75
　事例⑨：J　高校2年生女子 ― 思春期的危機とリンクする 75
③ シンナーと自殺 ………… 81
　事例⑩：K・L・M・N　中学3年生女子 ― 手をつなぎ「セーノ」
　　　　と川に飛び込み 81
④ 女子グループの同調的自殺 ………… 84
　事例⑪：O・P・Q　高校3年生女子 ― 死を演出する 84

Ⅳ章　自殺への道のり

① 自殺の神話 ………… 92

2 死のうと思う ― 自殺念慮 ………… 94

3 死をほのめかす ………… 96

4 死に揺れる ― 自殺を決意する ………… 99

5 いつもと違う行動 ………… 103

6 思い止まる ………… 103

7 保健室で ………… 105

V章　自殺未遂を考える

1 自殺未遂とは ― 自殺未遂もまた多様 ………… 112

2 ひたすらに死を求めて ………… 114

　事例⑫：R　中学3年生男子 ― 醜い男と思いなして 114

3 自殺未遂と学校復帰 ………… 117

　事例⑬：S　高校2年生女子 ― 弓をひく 117

4 リストカット（自傷行為）………… 121

　（1）自傷行為 121　　　　　（2）自傷行為と自殺企図 121

　（3）リストカットは増えている 122

　（4）リストカットの動機 123　（5）リストカットする生徒の特徴 123

　（6）自傷行為は伝染するか 125　（7）保健室の対応 126

　（8）自傷行為と電話相談 128　（9）文化の中の自傷 129

　事例⑭：T　高校2年生女子 ― 解離症状 130

　事例⑮：U　高校3年生女子 ― 頻回化と過量服薬 131

　事例⑯：V　高校1年生女子 ― 熱狂から沈静へ 133

VI章 「いじめ自殺」を検討する

1 子どもの世界といじめ …………… 136
　(1) 南ドイツの田舎町で 136　(2) シンクレール体験を分析する 139

2 学校の中のいじめ …………… 141
　(1) いじめということば 141　(2)「子供至上論」142
　(3) 学校文化の中のいじめ 144

3 学校と自殺 …………… 146

4 「いじめ自殺」…………… 149

5 O君事例と波紋 …………… 153
　1. 事件の経過 153
　(1) 自殺に至るまで（小学校〜1994年11月27日）153
　(2) その後の展開（1994年11月28日〜）158
　2. 学校の状況 163
　(1) 学校の立地 163　　　(2) 学校の雰囲気 164
　(3) O君の交友関係 164
　3. 自殺への過程 165
　(1) 一般的な自殺への過程 165　(2) 中学生の自殺の特徴 166
　(3) O君の遺書 166　　　　(4) 事例へのコメント 168
　(5) 家族の問題 169
　4. 学校の対応 169
　(1) 学校の危機的状況 169　(2) 端緒から収拾まで 170
　(3) 自殺報道の波紋 171　　(4) いじめ問題と法 172

VII章　自殺の周辺

1 群発自殺 ………… *178*

(1) 自殺の連鎖 *178*　　(2) 群発自殺 *181*

(3) 群発自殺の典型例 *181*

2 自殺の報道 ………… *182*

1. 新聞報道 *182*

2. 自殺報道の影響 *183*

3. 報道する側の事情 *184*

(1) 報道すべきかどうか *185*　　(2) 報道姿勢 *186*

(3) 報道の責任 *186*　　(4) 報道と人権 *187*

(5) 報道と自己規制 *188*

3 自殺の予防 ………… *190*

(1) 学校と自殺予防 *190*

(2) ストレス源としての学校 *190*

(3) 万能感修正の場としての学校 *191*

(4) 問題発見の場としての学校 *191*

(5) アメリカの自殺予防教育 *191*

(6) わが国では *193*

VIII章　自殺を読む

1 叱られて ─「丹後物狂」………… *196*

2 榎の天辺から ─「頸縊り上人」………… *198*

3 一本の竿 ─「身投げ救助業」………… *200*

4 苦沙弥先生 ─「吾輩は猫である」………… *201*

自殺予防と学校 —— 事例に学ぶ contents

- ⑤ フランス人，いじめを観る —「自死の日本史」………… 203
- ⑥ リストカッターの日記 —「卒業式まで死にません」………… 204
- ⑦ 自逝センター—「自殺自由法」………… 208
- ⑧ 自殺の指南 —「完全自殺マニュアル」………… 210

IX章　自殺を描く

- ① ブリューゲル —「サウルの自殺」………… 214
- ② ホガース —「ジン横丁」………… 216
- ③ ミレィ —「オフェリア」………… 218
- ④ ピカソ —「招魂」………… 221
- ⑤ カーロ —「ドロシー・ヘイルの自殺」………… 224
- ⑥ ロダン —「カレーの市民」………… 226
- ⑦ 映画「ブリッジ（The Bridge）」………… 228

コラム

高校紛争と自殺　89

電話相談　100

Asyl（アジール）　110

明治の青年自殺論　148

「お前，死んじまえ！」　173

報道　189

あとがき　230

序章

1. 体験から

　今を去る60年前，筆者はある高校に新任教師として赴任した。そこで担任として最初に出あった，高2の男子生徒。彼はその年の5月7日に杳（よう）として消息を絶った。息子の生死を案じた両親は，易断に出向いて卦を伺った。それによれば山の端の水辺を今もさまよっているという。親はこの見立てに従って西に東に息子の跡を捜し求めた。筆者は親の強い求めによって，日曜日ごとに中央アルプス木曽駒ケ岳の周辺をともに歩き回った。もちろん生徒は姿を現さなかった。それが翌年，雪融けのはじまったある山麓の川の近くで白骨が発見された。警察は自殺と断定した。それを聞いた瞬間，筆者の体はわななき，心臓は凍てつかんばかりであった。今なおこの記憶は鮮明に残っている。筆者の教師としての生活は生徒の自殺ではじまった。

　もちろん，そのころ自殺問題などということは考えたこともなく，その知識は皆無であった。動機も全くつかめない自殺に，不安と自責の思いに苦しんだ。これが長く重く心にのしかかった。この事例は後になって考えてみたが，統合失調症の初期症状に見られる「遁走」の果てではないか。彼の面影は，今どうしても思い出すことはできないが，とても「影の薄い存在」であったことがおぼろげながら浮かんでくる。

　それから，生徒指導・教育相談の領域に心を寄せ，問題をかかえている多くの子ども（青少年）とその親にかかわってきた。この生活の中で，筆者は自殺（既遂）7例を経験した。いずれも指導・面接の経過の中で起こったものではなく，後になってそれと知らされたものではあったが…。その悲しい知らせを受けるたびに，一日も早くこの職務から退きたいと願った。ことにかかわった事例の葬儀に参列したあとは，いたく落ち込んだ。このときばかりは，同僚の理解ある慰めのことばも受け入れられない状態であった。

　若き精神科医，斎藤茂吉は，受けもった患者の自殺にしばしば出あい，

苦悩を深めた。

　自殺せる　狂者をあかき　火に葬り　にんげんの世に　戦(おのの)きにけり
　たのまれし狂者はついに　自殺せり　われ現(うつつ)なく　走りけるかも
　　　　　　　　　　　　　　　　　　　　（斎藤茂吉『赤光』岩波文庫）

　それから40年後，子どもの自殺が今またもや話題になり，子どもの自殺が散発している状況がある。また新たに2011年10月，大津市中2男子の「いじめ自殺問題」が報じられている。

2. 本書の視点 ── 事例に学ぶ意味

　本書はこれらの体験をもとに，つぎの点に注目してまとめてみた。
　1　まず事例（①〜⑰）をできるだけ詳しく記述するように努めた。これをくだくだしいと見る向きもあろうが，自殺を考えるとき，この「事実」をしかと見つめることが基本であり出発点である。これなくしては空論となるおそれがある。ここで取りあげた事例を見れば子どもの自殺がかくも多様であり多彩であることがわかると思う。筆者がかかわったこれらの事例のうち自殺の背景やその状況がちがうものから選んだ。この方法にこだわったのは，ひとつには従来のような安易なまとめ方・括り方（いわゆる原因の記述）を避けたいこと，他のひとつには，これら記述の事例のなかで，自分ならこう考える，ここでこう働きかけるなど，読者自身が指導や介入の実践にあたるときの参考資料を提供したいとの思いからである。記述にあたって，プライバシーの保護には細心の注意をはらった。
　2　近代における自殺の研究は，統計資料の社会学的な分析からはじまった（デュルケム『自殺論』中公文庫，1897）。警察庁の「自殺統計」，厚生労働省の「人口動態統計」は自殺対策策定のための基礎資料であり，今日の自殺現象の全体を把握するにはとても便利で，これを欠くことはできない（「自殺対策白書　平成22年版」内閣府）。また自殺実態解析プロジェクトチームの「自殺実態白書　2008　第2版」は詳細をきわめ

るが子どもについてはふれられていない。しかし，自殺事例の指導にあたっては，これらの統計数字をながめただけではなにも出てこない。まずは自殺事例をできるだけ細かに検討することからはじめたい。

　3　ひとくちに自殺といっても，年齢・性別また社会層によってちがい，それを数字に語らせることをしなかった。事例ごとに背景や構造がちがう（例えば小・中・高校生の自殺，老人の自殺，精神障害者の自殺など）。ここでは子ども（「人口動態統計」の年齢階級別では10〜19歳，ほぼ小・中・高校生にあたる）を中心とし，これを発達途上にある人格としてとらえ，教育的・予防視点から記述する。以下の「子ども」──ときに児童・生徒と表現──というのはこの年齢層をさすものとする。

　4　子どもの自殺が学校（生活）とかかわりが深いことは古くから指摘されてきた。このことは自殺が学校管理下において起こったのかどうかという問題ではない。学校管理下の自殺は極めて稀である。それでも学校を問題とするのは学校（学級）という「集まり」の中の人間関係や，それがかもしだす，独特な雰囲気（カルチュア）が自殺をうむひとつの要因であることは確かである。この意味で，子どもの自殺をその子ども個人の属性だけに帰することはできない。もちろん，子どもが自殺にはしるとき，その背景に家族の問題があることは言うまでもない（フェファー，高橋祥友訳『死に急ぐ子供たち』中央洋書出版部，1990）。ただ現実には子どもの自殺事例について，その家族に及んで調査することは至難なことで，情報は極めて乏しい。ここでの記述もこの点が十分でないことを承知している。（Ⅰ章）

　5　記述にあたっては「予防」という視点で一貫した。子どもの自殺報道についても同様で，このことを忘れなかった。えてして子どもの自殺報道はその「原因」を取りあげる（警察発表を鵜呑み）。またそれが一般化され，拡散すると，ステレオタイプな子どもの自殺像ができてしまう（「いじめ自殺」がその例）。こういうことが子どもの自殺の真の姿を見えにくくする。（Ⅵ章）

6　デュルケム（1858〜1917）は自殺と犯罪のない社会はないと述べた。自殺についても，当然その社会文化的側面をも考察することが求められる。本書ではわずか芸術・文学・評論等から自殺と社会とのかかわりを取りあげ，これらから，それぞれの時代や社会の「自殺観」をうかがうに止めた。（Ⅶ，Ⅷ，Ⅸ章）

　7　以上のような視点にたって記述したので，自殺に関する用語（自殺・自殺［希死］念慮・自殺の危険因子［リスクファクター］・自殺企図・自殺未遂・精神障害と自殺・リスク評価とマネジメントなど）については厳密な定義には必ずしもこだわらなかった。

　8　自殺事例を検討していると，そこには「曰く不可解」（藤村操の巌頭之感），また奇しき運命としか言いようがない事実につきあたって愕然とすることがある。不幸と不運，不信と不覚，不測と不慮，理不尽と不条理，時に不気味，この「不」のつく事実が，その時，あの場で出あったというのが実感である。自殺予防では自殺の要因といわれるものをすべて取り除かなくてはならぬと考える必要はない。あえて言えば自殺を決行するにあたって，もしなにかほんのひとつでもその条件（事情）を欠けば —— 入水しようとして海辺に立ったがそこに人が来た，ガス管を買おうとしたが店の人に怪しまれ買えなかった，電話が鳴った，突然人が入ってきた，遠くに明かりが見えた，縊首のヒモが切れた，ビルの最上階に鍵がかかっていたなど —— 自殺にはいたらなかった（中断）はずだからである。改めて自殺と向きあってにんげんの世に戦くのである。防ごうとしても防げなかった事例はいくつもある。

Ⅰ章

さまざまな子どもの死

1 子どもと死

(1) 忘れられている死

　日本の子どもは外国の子どもに比べて，じつに多くのことを学校の中で学ぶように求められているといわれる。掃除のしかた，自転車の乗り方にはじまり，高校では原子物理学の初歩まで学ぶことになっている。外国からは，わが国の「学習指導要領」は均衡のとれたすぐれたものとみなされ，国際的にも高く評価されている（カミングス『ニッポンの学校』友田泰正訳，サイマル出版会，1981）。しかし，これほどまでに完備しているといわれるカリキュラムの中でも，出産・血・死という，日常生活に身近な主題が見当たらないことは不思議でならない。これらは学校教育の中で正面切っては取りあげられてはおらず，一部の熱心な教師または民間の教育運動家の関心を集めているにすぎない。

　この中で「死」にかかわりの深い自殺についても，青少年（10～19歳）の死因順位の1位（女），2位（男）を占めているにもかかわらず，この面の基礎的な研究は十分とはいいがたい。かつてアメリカの教育学者が日本の学校教育を取りあげるとき，中学生・高校生の自殺の多さを指摘し，その原因が苛酷な受験競争にあるとし，日本は自殺国であると記しているが，この観念を訂正することはきわめてむずかしい状況にある（トビン「アメリカ人からみた日本の教育」，『教育は「危機」か』有信堂，1987）。日本の中・高校生の自殺が苛酷な受験競争だけから説明しきれるものでないことは自殺予防指導の体験からいえることであるが，この問題に対して社会が関心を示しはじめたのはようやく1970年代の半ばからであった。

(2) 教育の中の死

　もっとも，ユング派の心理学者ヒルマン（Hilman,J.）は『自殺と魂』

の中で,「心理学は死に対して充分な注意をはらってこなかった。アカデミックな心理学が,夢・睡眠・死に対してあまり興味を示してこなかった」と述べていることからすれば,日本の学校が死を取りあげてこなかったとしても別にあやしむにたりない。

　試みに手もとにある標準的な教育学関係の事典,『教育学辞典』(全5巻,岩波書店),『教育学事典』(全6巻,平凡社),『教育学大事典』(全6巻,第一法規)には,死・自殺の独立した項目はない。また実用的な教育心理学関係の辞典・ハンドブック類,例えば『新教育心理学事典』『学習心理学ハンドブック』『児童心理学ハンドブック』『教育相談事典』(いずれも金子書房)にも,「死」の項目は見当らない。教育において生命尊重がいわれるほど,その影である「死」については考慮がはらわれていないように思われる。

　子どもの「死」の観念についての発達心理学的な研究がもっとあってよいはずであるが,これもけっして多くはない。まとまったものとしては稲村博・小川捷之編『死の意識』(シリーズ現代の子どもを考える16,共立出版,1983)がある。自殺や子どもの死の意識を調査しようとしても,「子どもの不安をかり立て,自殺を誘発するおそれがある」などを理由に断られるのが現状である。アメリカにみられる死に関する広範な調査(シュナイドマン『死にゆく時』白井・本間訳,誠信書房,1980)があることを思いあわせ,考えさせられる。

(3) 子どもたちの中の死

　しかし現実に,子どもたちの遊びや生活の中に「死」はある。子どもたちの中では平気で,「死ね」「殺す」といった乱暴なことばが交わされている。いじめ行為の中で,あからさまに特定の個人を名ざしして「死ね」「殺す」などということばが使われているし,家庭内暴力の例では,これらの暴言はごく普通にみられる。もっと身近なところでは,TVの画面で子どもに人気の俳優が1日に何回も「死んで」いる。

　昔から子どもは発達のある段階で,死・幽霊・お化けなど不合理な現

象に対して強い関心をいだく時期がある。また、虫の知らせとか火の玉とか死んで生きかえった人の話などに真剣に聞き入った体験は誰でももっており、子どもの心理の深層をのぞかせてくれる。例えばピアズの『幽霊を見た10の話』(高杉一郎訳、岩波書店)や松谷みよ子『現代民話考Ⅳ・Ⅴ』(立風書房)はこのことを示しており、子どもの世界の中で死や死にかかわるファンタジーがけっして貧しいものではないことを表している。

このような死に関するファンタジーとは別に、マスコミで取りあげられる自殺・殺人・妊娠中絶・尊厳死・脳死・臓器移植・エイズ・核問題・人口問題・環境問題、それにテロ・戦争・革命・クーデター・独立運動・アムネスティなどは、いずれも死の問題にかかわる社会的政治的問題であり、中・高校生の関心をひいている。

なおもっと身近な体験として、子どもたちのなかには親・兄弟・姉妹・友人の死(事故死・病死)に出あっている者もあるし、ペットの死を見ている者は多いはずである。

子どもたちにとっても死の世界がまったく無縁ではないことがわかる。子どもはいろいろな機会に死に接しているにもかかわらず、これらを通じて積極的に死について考え、生きる意味を確かめさせていくという指導は、まったく手つかずのままにおかれているような印象を受ける。

子どもと死が遠い世界の話でないことの事例を示してみよう。それぞれがそれぞれの形で「死」に接している。

2 小学生と死

事例①：A　中学2年生女子 —— 小学校時の溺水の体験
　学校から「不登校らしい、早期の指導が必要」ということで依頼され、担任3回、母親5回の面接で終結。担任・母親双方の接し方に変化がみられ、2か月後には学校に復帰した。

担任および母親の話を総合すると，Aは中学2年の7月，水泳指導が始まると，学校への行きしぶりがみられ，また発熱を理由に再三欠席した。水泳のある日に欠席する生徒には問題があるという指導上の経験から，Aも担任からかなり強い指導を受けた。欠席した日はパソコンゲームに熱中し，友人の訪問も断った。やや過食の傾向があり，肥満が目立った。ふだんは口数が少ないが，登校を促す母親には暴言をはいた。休みが重なると，しだいに無気力になっていった。

　水泳が始まるころ，きまって不安・無気力になり欠席が多くなることに注目して，母親に尋ねたところ，Aは小学校4年のとき，水泳の授業中にプールで溺死しそうになり，人工呼吸で息をふきかえしたという体験があることがわかった。このとき学校は大騒ぎになり，救急車が手配されたが，Aはこの間まったく記憶はなかったと言っているという。この後，ときどき水に溺れた夢をみたと本人が言ったことがあるが，その内容は不詳である。この事故の処理をめぐって家族と学校とに感情的な対立があり，Aはそのやりとりを襖越しに聞いていた。Aはこの体験後，水泳の始まる季節になると，家で母親にまつわりついたり，会話の中に幼児語が交じったり，ぬいぐるみを抱いて寝るなどの退行現象がみられた。まったくの偶然であるが，小学4年のときの担任と，中学2年の体育担当の教師が同性・同姓であった。

　この事例は，溺水というニア・デスの体験が不安として長く残り，水泳指導の開始とともに，一見不登校を思わせる症状を示したものである。この事情を知らない教師は怠け者と判断し，一方的な指導を続けたために，かえって欠席が長期化したものと考えられる。

3 中学生と死

事例②：B　中学2年生男子 —— 赤いジャケット

　「Bの暴力行為のために，子どもが学校に行かなくなった」という被

害生徒の親の申し出に学校が驚き，Bに対する指導の方法を教えてほしいという要請が学校から筆者にあった。担任・生徒指導主事各3回，母親6回，本人1回の計13回の面接で終結。Bの暴力的行為は2か月という短期間でほぼおさまり，以後は学校の指導にまかせられた。コンサルテーションとカウンセリングを並行して行った事例である。

　関係者の話を総合すると，Bの家族は父・母・本人・弟・妹の5人家族。結婚後まもなくから両親間が不和となったらしい。父親はアルコール依存症で離職・転職が多く，保健所の精神保健福祉相談員の訪問指導を受けていた。精神科への入・退院を繰り返し，子どもにときどき暴力をふるった。Bは小学校のころ，冬，食事も与えられず裏山の松の木に縛りつけられていたことがあり，近所の人が児童相談所に通告したことがあったという。Bは父親の笑顔というものを見たことがなく，ただ怖いだけの存在であった。母親は病夫と3人の子どもの生活を支えるのが精いっぱいで，子どものしつけにまで配慮が及ばなかった。家は暗く乱雑で，友達も遊びに来なかった。

　Bは小学校のころから「キタナイ，クサイ」といじめられ泣いて家に帰ったが，Bを受けとめる人はいなかった。不憫に思った隣家から菓子や夕食を与えられることが再々あったという。Bはいじめられても友達を求めて，仲間にくっついていた。中学に入ると新聞配達を始めたが，給料の一部は仲間にまきあげられていた。Bの父親の病気（肝臓障害）ははかばかしくなく再三転院したが，周りがいくら勧めてもBは父を見舞おうとしなかった。Bは父を厄介者と思い，「父親などいないほうがよい」ともらしていたという。

　ところがある日，Bの仲間がBに向かって，「オーイ，お前のトッツァン（父），まだ死なんのか」と，からかい半分で言った。Bは激怒したが，ぐっと堪えた。この暴言はBに深く刻み込まれた。まもなく父親が亡くなった。父の喪が明けると，Bは ── それまでは卑屈で仲間に追従していたが ── 猛然と反撃に転じた。Bは，仲間の暴言の恨みを晴らすことを仏前に誓った。Bは急に母親に優しくなり，毎夜燈明をあげ，

読経した。

　Bは父親が多年愛用していた赤いジャケットを形見としてもらい，毎日これを着て登校した。ある日，Bは通信販売で入手した警棒とヌンチャクを持って出かけ，暴言を吐いた仲間を神社裏に呼び出し，力まかせに殴りつけ，顔面に2週間の傷を負わせた。その後も多額の金品をまきあげたが，脅しに出かけるときはいつも亡父の赤いジャケットを着込んでいた。Bは暴力行為や脅しは，父への暴言に対する当然の復讐であると公言していた。

　この例は，家族や生育史に多くの問題をもつ少年が，父の死を転機として，いじめられっ子からいじめっ子に変貌し，父に同一化してその攻撃性が仲間に向けられ，結果，傷害事件をおこし，学校からは手のつけられない問題児とレッテルを貼られてしまったのである。

4　高校生と死

事例③：C　高校2年生女子 ── 死の約束

　Cは高校に入ると，隣の席のD（女）と親しくなった。CにとってDの存在は大きかった。話し合うほどに2人の境遇があまりにも似ているのに互いに驚いた。2人はともに商家の出で，小学校のころ母と死別したこと，父が再婚したこと，それぞれ弟・妹が生まれたこと，中学生になると継母と気が合わず，幾日も口をきかなかったこと，さらに継母に教養がなく，また邪険に扱われたことまでそっくりだった。

　高1の夏，2人は親の許しを得て，ある山荘に泊り，将来のことを話し合い，金のかからぬ国公立の大学をめざし，1日も早く自由な独立した生活を始めようと約束した。そこで2人の気持ちが異常に近づいているのを感じた。

　2人は2年のとき別クラスだったが，たまたま秋の修学旅行で同じ班になった。すると2人は再び接近し，旅行中は寄り添うように行動して

いた。旅行の2日目は海に臨む景勝の地だった。あらかじめ打ち合わせておいた2人は，午前零時ごろ，こっそりホテルの部屋を抜け出した。しばらく歩いて松林のベンチに腰をおろして話し合った。そしてどちらから言い出すともなく，「早いうちに死んでしまおう。先に決心ができた方からその日を知らせ合う」という約束を交わした。

3学期の始業式の日，Dが自宅の納屋で縊首した。勉強に自信をなくしたことが原因と新聞は伝えた。葬儀の日，Cは終始泣き続け，仲間に支えられてやっと歩ける状態で参会者の注目をひいた。CがDの親友であることは誰もが知っていたが，ただならぬ打ちしおれ方に驚いた。

その翌日，筆者が帰宅しようとすると，1通のぶ厚い封書が机の上に置いてあるのに気づいた。文章は達意であるが，横書き右下りで，文字は乱れ，末尾にCの署名があった。要点はDとは死の約束がしてあったこと，決行の日時は話し合ってから決めることになっていたこと，Dがその約束を破ることは想像もできなかったこと，Dを死に至らせたことについては自分にも責任があること，自分も今日にでも決行したいが，ふんぎりがつかないこと，昨夜手首自傷を試みたことが切々と述べてあり，こうなった以上死ぬほかないと結んであった。

筆者は緊急性が高い事例と判断し，手わけして校内を捜すと，暮れかかった教室にひとり泣き伏しているCを発見した。とても不安定で，話が続かず，決行の延期・保留の約束をとりつけるのに，2時間余りかかった。次回の面接を約束し，家族に引き取りを依頼した。来校したときの親の態度から日頃の親子関係を見る思いがした。以後3か月に15回の面接でほぼ安定した。Cは大学に入ると突然変身した。前衛的演劇に熱中し，服装も著しく華美となり，異性関係も派手になったという噂が伝わってきた。

事例④：E　高校1年生男子 ── 死への偶然

自殺未遂の予後指導ということで学校から紹介。担任2回，本人5回の面接で終結。Eは中退後，就職し，家族が来談する必要は感じなかった。

Eは親と中学担任教師の強い勧めで，農業高校に進学した。父親は小売業を自営し，むろん農地はなく，家族の誰もが農業をしたことはない。家族は，Eに高校卒業資格の取得を期待し，定員割れの学校を選ばせた。Eは入学後も学校になじまず，農業実習はとくに苦手であった。

　Eの父親は教育熱心であった。自分が中卒であることをいつも意識し，子どもに大きな期待を寄せた。父親は「新聞に出ている記事で，子どもに役立つと思ったことはすべて取り入れた」といい，「父親としてやるべきことはみんなやった」というのが口ぐせであった。Eの社会性が乏しいことに気づいた父親は，小学3年生のEをカブスカウトに入らせ，毎日曜日，訓練に参加させた。Eは日曜日にテレビが見られないので，その「代償として」ビデオ装置を要求した。やがて母親の些細な約束違反や，ことば尻をとらえて，「弁償」「罰金」と称して母親からお金を巻きあげるようになった。小学5年生のころ，カブスカウトをやめてしまうと，近くのゲームセンターに出かけ，夕方遅くまで遊んだ。学習にあまり関心を示さず，ことに算数の文章題はきらいだった。中学入学後も友人はできず，部活も中途半端で，無気力な日が続いた。中学2年になると，父親への反抗が始まった。

　Eは高校に入るやパチンコに興味を示した。大柄な彼は有職青年とみられたのか，とがめられなかった。小遣いでは資金が足りず，母親の財布から金銭を抜きとったこともあった。通学には電車・バスを乗り継いで1時間かかったが，Eは自転車で通うといいだし，その交通費をパチンコに注ぎこんだ。大量に得たタマを秘かに家に持ち帰り，自室の木箱に貯めてひとり楽しんだ。金銭や物に対するこだわりが強かった。

　当然学習についていけず，学年末には全科目点数不足で留年が決定した。Eは中退を考えたが，行くところもなかったので，学校を続けることにした。パチンコへの固執はますます強くなっていった。再度の1年の学年末，Eの進級を審議する職員会議が開かれた。その日の午後，彼は登校するよう指示されていた。Eはふらふらと農業実習用器具庫に入っていった。ぼんやりと椅子に腰をおろし，あたりを見まわしながら，

I章　さまざまな子どもの死

そこではじめて身の振り方を考えた。そこで何を思ったのか，椅子を持ち出して，近くにあったロープを天井の梁にかけ，それを首に巻いた。Eはここまでは憶えている。

そこに実習当番の生徒が入ってきた。Eの姿を見て驚き，大声をあげた。そのとたんに椅子が倒れて，縊首の状態となった。あわてた生徒はEの体を降ろし，人工呼吸をするとともに救急車を手配した。知らせは会議中の職員にも伝えられた。Eは病院に運ばれる途中，奇跡的に息をふきかえした。首のまわりには赤いアザが残った。

この事件の1週間後，筆者はEと面接した。Eの自殺への決意は不確かなものであった。原級再留置が心配であること，就職を考えていること，学校を続けるよう親や教師に言われることがなにより苦痛であること，などを淡々と話した。器具庫の中の行動については，自分の行きづまりを示すために思いつきにやったまでのことで，誰も入ってこなければ，あんなことにはならなかったと説明した。周囲の困惑や心配について頓着せず，反省のことばはとくになかった。

Eは偶然に偶然が重なって死をまぬがれた。不幸にして既遂となっておれば，「落第を苦にして自殺」と報道された可能性がある。父親は事件後，急に態度が軟化した。Eの希望を容れて，競馬場の厩舎に勤務することを認めた。Eは面接終結後，半年あまりして，突然元気な姿で挨拶に来た。学校という重荷から解放されたといった印象であった。もちろんこのとき，事件のことは口にしなかった。

この事例は，思春期の自殺には，事故的要因の関与を考慮する必要があることを示している。Eのニア・デス体験が彼の進路の再選択にどうかかわっているかは興味ある点であるが，短期間の面接でこの点を明らかにすることはできなかった。

これらの事例が示すように，死には至らなくとも，子どもたちは死と隣り合わせで生活していることがわかる。多くは周りに知られないまま過ぎてしまう。子どもの生活の中で死は決して遠いものではないことを示している。

図1　自殺の多様性（デュルケムより）

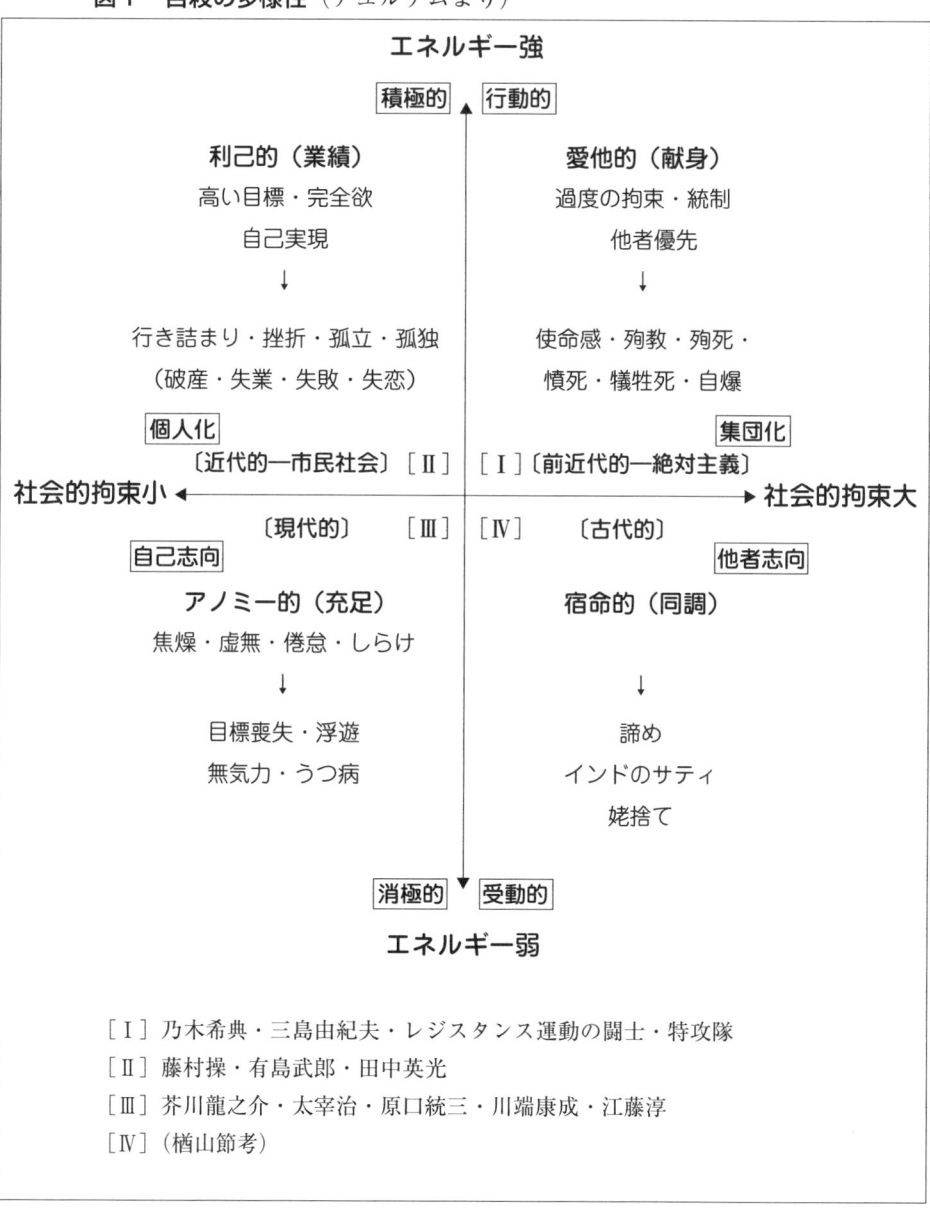

```
                      エネルギー強
                    ┌積極的┐┌行動的┐
                         ↑
        利己的（業績）              愛他的（献身）
        高い目標・完全欲            過度の拘束・統制
        自己実現                    他者優先
            ↓                          ↓
    行き詰まり・挫折・孤立・孤独    使命感・殉教・殉死・
    （破産・失業・失敗・失恋）      憤死・犠牲死・自爆

                  ┌個人化┐      ┌集団化┐
                〔近代的―市民社会〕[Ⅱ]  [Ⅰ]〔前近代的―絶対主義〕
    社会的拘束小 ←─────────────────────────→ 社会的拘束大
                〔現代的〕    [Ⅲ]  [Ⅳ] 〔古代的〕
                  ┌自己志向┐      ┌他者志向┐

        アノミー的（充足）          宿命的（同調）
        焦燥・虚無・倦怠・しらけ
            ↓                          ↓
        目標喪失・浮遊                諦め
        無気力・うつ病              インドのサティ
                                    姥捨て

                    ┌消極的┐┌受動的┐
                         ↓
                      エネルギー弱
```

[Ⅰ] 乃木希典・三島由紀夫・レジスタンス運動の闘士・特攻隊
[Ⅱ] 藤村操・有島武郎・田中英光
[Ⅲ] 芥川龍之介・太宰治・原口統三・川端康成・江藤淳
[Ⅳ] （楢山節考）

5 子どもが死を学ぶ

(1) アメリカでは

わが国で，死とそれをめぐる思想や文化の状況について書かれた文献がようやく目にふれるようになった。吉本隆明『死の位相学』（潮出版，1985）には，自殺のみならず，死後の世界，死・生・他界論，心霊現象・神秘思想・超心理学，日本人の死生観，葬制，タブー・シャーマニズム・憑霊・幽霊，安楽死，殉死・切腹・心中，死刑，子殺し，殺人，横死，堕胎，ジェントロジー・健康・医療史・ガン・ホスピスなど，およそ死にかかわりをもつ主題についての文献が網羅されている。しかしこれほど広範にわたる蒐集文献の中でも，子どもの側からみた死や，死に直面した子どもについての文献はあまり取りあげられていない。死はもっぱらおとなの問題であるかのようである。

一方，アメリカにおいても，「死は禁じられた話題であり，それを口にする人は，人びとの拒絶にあい恥をかく」（ファイフェル）とされている。また死の儀礼（葬儀）はなるべく手際よく済ませ，あたかも何事もなかったかのように，以前の生活に早く復帰することが賢明とされている（パーソンズ，リッズ）。しかし一方，最近では，社会学，文化人類学等の領域で死の問題に対する関心が高まってきている。とくに生命倫理（bioethics）に関してはすでに大部なエンサイクロペディアが刊行されている（Stephen G, Post, Encyclopedia of Bioethics, 3rd edition, 5vol, 邦訳「生命倫理百科事典」全5巻，丸善）。ここでは，自殺や自殺予防の課題が，人間の死の問題の一つとして取りあげられている。これらの事情もあってのことであろう，子どもに対しても「死」を教育のテーマとして，その実践が試みられている。

ボストンにある私立学校，フェイアウェザー・ストリート・スクールの11歳から14歳の子どもたち14人は，クラスメイトの父が死に至る

病気にかかったことをきっかけに,「死」について考え,話し合った。そこで話し合われたことを,その担任のエリック・ローフスがまとめたものが,『子どもたちにとって死とは?』(エリック・ローフス編,麻生九美訳,晶文社,1987)である。この中には,つぎのようなテーマが取りあげられている。

(1) 死について話す練習
(2) 死とはどういうことなのか
(3) 葬式にまつわるしきたり
(4) ペットの死
(5) 年とった親戚と親の死
(6) 子どもの死
(7) 暴力による死
(8) 死後の世界はあるか
(9) 私たちが学んだこと

そして,死をテーマとした本(ブック・リスト)が8点示され,その中には『神さま,なぜママを死なせたの —— 親に死なれた子ども達の声』(ジル・クレメンツ,箕浦万里子訳,偕成社,1986),『シャーロットのおくりもの』(E. B. ホワイト,鈴木哲子訳,法政大学出版局,1973),『野性の呼び声』(ジャック・ロンドン著,大石真訳,新潮文庫,1959)の3点の邦訳のあるものが含まれている。アメリカでは子どもに,死について何を考えさせようとしているかをうかがうことができる。死についての教育が国民性や文化に深く根ざすものであることを教えられる。

(2) **一つの提案**

子ども向けの文学的作品の中で「死」を取り扱っているものはけっして少なくないが,これを死を考える教材とするには準備が不足している。この指導を効果的にするためには,まず教師の側に,日本における死に関する伝統や文化がしっかりと押さえられ,かつ死に関する発達心理学

的研究が考慮されていなくてはならない。

　筆者はこの領域については格別不案内であるが，最近，今までうっかり読み過ごしてきた作品を前述のような視点から，あらためて読み直してみた。つぎに掲げるのはそれで，これらの作品はいずれもおとなの鑑賞に堪えうるだけではなく新しい感動を呼びさますものであった。子どもの読書能力という点を考慮していくつかに分類した。

≪小学校低学年向き（絵本）≫
・スーザン・バーレィ作・画，小川仁央訳『わすれられないおくりもの』評論社

≪小学校中・高学年以上≫
・新美南吉『ごんぎつね』（新美南吉童話作品集1），大日本図書
・アンデルセン，大畑末吉訳『マッチ売りの少女』（アンデルセン童話集1），岩波文庫
・小川未明『金の輪・赤いろうそくと人魚』（小川未明童話集1），講談社文庫
・松谷みよ子『貝になった子ども』偕成文庫

≪中学生以上≫
・野坂昭如『凧になったお母さん ── 戦争童話集』中公文庫
・リヒター，上田真而子訳『あのころフリードリヒがいた』岩波少年文庫
・北杜夫『幽霊』新潮文庫

≪高校生向け演劇脚本≫
・榊原政常『予告された心中』未来社
・内木文英『ある死神の話』早川書房
・内木文英『かげぼうし幻想』未来社

≪映画≫
・カルロス・サウラ監督，アナ・トレント主演『カラスの飼育』（スペイン，1975）
　両親を亡くし，叔母の家に引きとられた3姉妹の物語。父の死因が自分にあると思い込んでいる次女が，大人の世界に反発しながら成長す

る過程を描く。
・ルネ・クレマン監督『禁じられた遊び』(フランス), 1952
第2次大戦中, パリから逃れる途中機銃掃射で両親を失った少女が, 農家の少年と出会い, 十字架をめぐって遊ぶ。哀愁をおびたギターの音色。
・ピーター・ウィアー監督『いまを生きる』(アメリカ), 1989
厳格で知られる名門高校での自殺事件。進路をめぐる親・教師との葛藤を描く。

以上, 手近にあったものを思いつくまま拾いあげてみたが,「子どもとともに死を考える」という視点から文学的作品を取りあげようとすれば, いくらでも出てくるだろう。これらを社会科や国語の教材とした授業実践を期待したい。

(3) むすび

自殺研究の目標は, 自殺予防の方法を明らかにすることにある。事例研究を積み重ねることによって自殺への過程を明らかにし, 危機介入の技法を工夫するなど, 今日まで延々と努力が傾けられてきている。しかし, 自殺という人間の実存を賭けた行為について, 有効な予防対策を技術として一般化することはむずかしい。またマクロ的に自殺予防を考える立場からは, 国民的規模で自殺を悪とする価値観をうち立てることの重要性が主張されている。いずれも大切なことであるにちがいないが, 子どもの自殺事例を調べていくと, 不運と不運とが奇しくも重なって起こったとしかいえないような事例に出あう。もしその状況のひとつでも欠けていたら自殺は起こらなかったのではなかったか。こう考えると, 自殺は「事故」と共通するものがあるという印象さえ受ける。つまり, 自殺には統計だけでは理解できない偶発性・運命性という要素が多いことを感ずる。

ともあれ, われわれの前にときおり, 陰に陽に死の問題を引っさげた若者が現れる。彼らに自殺が悪であることを説いてもはじまらないこと

は誰もが経験している。積極的に彼らにかかわっていくほかないが，かつてのユング派の心理療法家・河合隼雄は，つぎのように述べている。

「自殺を企図する人や自殺未遂の人に相対して，われわれは心理療法家として，その人の身体的な死をあくまで防止しなければならないという仕事と，その人の再生につながるものとしての象徴的な死を成就させてやりたいという仕事のジレンマに追い込まれる。この人が内面的な死の代わりに，自殺という現実的な手段をとっているという事実が，既にこの人にとって内界と外界がいかに混同されているかを示している。それ故にこそ，われわれも苦しい立場に追い込まれるのだが，この時に自殺の防止という事実に心を奪われてしまって，内面的な死の成就ということを忘れ去ってしまうと，折角のその人の再生への願望までつぶしてしまうことになる。このことはもちろん本人には明確には意識されていないのではあるが，結果的には自殺を防止した人を恨んだり，また自殺企図を繰り返したりする現象となってあらわれてくるのである。
　本人の身体的な死はあくまで防止しつつ，内面的な死の願望を尊重する態度で接していると，解決はその本人の無意識からもたらされてくることが多い。自殺を企図し，死に対する恐怖感をもっていない人が，夢の中で，不治の病いを宣言されたり，猛獣に追いかけられたりして『死の恐怖』を味わったり，生きたい —— という生への願望を体験したりすることは割にある現象である。死を恐れていないと思っていた人が，夢の中で死の恐怖を体験し慄然とする。実際自殺をする人達は死の恐怖を感じない強さをもっているのではなく，自我の弱さのために，死の恐怖を感じることができなくなっている場合が多いのではないかと思われる。今まで死を恐れないと言っていた人が夢の中で獣に追われて逃げまわっているなどと聞くと，われわれもトリックスターぶりを発揮して，『あなたも自殺をしたがっているのだから，折角の機会に喰われてしまえばよかったですのに』などの冗談のひとつも言いたくなってくる」（河合，1987）

自殺予防の将来について示唆するところが多いことばであると思う。

<文　献>

ファイフェル編，大原健士郎・勝俣暎史・本間修訳『死の意味するもの』岩崎学術出版社，1973

J. ヒルマン，樋口和彦・武田憲道訳『自殺と魂』創元社，1982

稲村博『自殺学』東京大学出版会，1977

稲村博『子どもの自殺』東京大学出版会，1978

河合隼雄『影の現象学』講談社学術文庫，1987

E. キューブラー・ロス，川口正吉訳『死ぬ瞬間の子供たち』読売新聞社，1982

E. S. シュナイドマン他，大原健士郎・清水信訳『自殺に関する十八章』誠信書房，1968

E. S. シュナイドマン他，大原健士郎・清水信訳『孤独な魂の叫び』誠信書房，1969

E. S. シュナイドマン編，大原健士郎・岩井寛・本間修・小幡利江訳『自殺の病理（上・下）』岩崎学術出版社，1971

Ⅱ章

子どもの自殺

1 小学生のばあい

　小学生の自殺は多いものではなく，毎年，その数もほぼ一定している。小学生の自殺があれば，必ずどの新聞・テレビもこれを全国版で取りあげる（2010年10月23日群馬県の小6女子が自宅で自殺したことが報じられたのはその例である）。中・高校生の自殺と違った報道価値があるとされているからで，それだけ国民はショックを受ける。とくに遺書などが公開されたばあい，その影響ははかり知れない。時に自殺した小学生が書き残した文章が出版されることがある。岡真史『ぼくは12歳』（ちくま文庫）はその例で，とても考えさせられる内容である。暦年齢ではたしかに12歳だが，どうしてどうしてその意識や考えははるかに大学生を超えている。

　　ぼくは／しぬかもしれない／でもぼくはしねない／いや／しないんだ／ぼくはぜったいしない

　筆者は彼の父，在日作家，高史明氏の講演を聴き，深い感動をおぼえた。浄土真宗の信仰に立った自省のことばであった。

　もうひとつは，杉本治『マー先のバカ —— 小学5年生が遺した日記』（青春出版，1985）で小学生が先生に叱られた後，飛び降り自殺した例で，いずれも子ども自殺の特性の片鱗をうかがわせるものである。

(1) 小学生の「死」の観念

　さてここで，小学生の「死」についての観念の特色をいくつかあげてみよう。

① 小学生の「死」についての観念は成人のそれとは違っている

　死を不可逆（死んだらもとにはもどらない）とみる成人の観念とは違って，夢との区別があいまいで，眠りとの違いもはっきりしない。また再生（生きかえる）できると思ったりする。「死んで前世をたしかめる」

といって飛び降り（のまね）をした小学生がいる。漫画・アニメの影響も無視できない。亡くなった人（祖母など）との再会を夢みることもあり，コックリさんや子ども仲間の怪談にのめり込んで，死を口にすることもある。これらは児童心性に根ざすものとして研究すべき課題である。いずれも挿話的（エピソーディック）なもので，長期にわたることは少ない。上手に話をすれば容易にやりすごすことができる。

　自分が親に疎んじられているとか，不幸な生い立ちと思い込んで，自分が自殺することで親が悔やむであろう姿を天国から眺めているなどと，死の空想と願望に満ちた考えもある。

　河合隼雄は，子どもから死を遠ざけるのではなく，死についての豊かなイメージを育てることによって現実の死を防ぐことができると述べている（p.30）。

　成人に近い死の観念（死の不可逆性など）をもつのは10歳ぐらいからとされている。

② 子どもが死にたいと思ったとき

　子どもたちに「死にたいと思ったとき」という作文の課題を出したところ，次のようなものがでてきた。子どもたちにも時に「死」が脳裡をかすめることは事実である。

　「ねむたかったので，ねる用意をしていたら，お母さんが，『しゅくだいはすんだの』と聞いたので，『まだしてない』といったら，お母さんは，わたしのかばんを外に投げだした。わたしはなきながら，『外に投げないで…』といいました。

　お母さんは，ツーンとしていたので，首つりじさつをしてやろうと思ったけど，こわくなったのでやめました。」（小4・女子）

　「きょう，ぼくはモデルガンをかった。お父さんがかえってきて，『またばかなものをかってくる…』としかられた。そして『べんきょうもしないでお金ばっかりつかって…。日よう日に遊園地につれてってやらんぞ』といったので，おべんじょへいって，べんつぼの中にはいろうとおもったけど，くさかったのでやめた。」（小3・男子）

「自てん車のタイヤにくぎがささってパンクした。お父さんに言ったら，ねえさんが横から，『あんたがやったんでしょう』と言ったので，ぼくにうたがいがかかった。

ぼくは，ほうちょうでおなかをさそうと思ったけど，ほうちょうが見つからなかったのでやめた。」（小5・男子）

「夕方，おそくかえったら，家にいれてもらえなかったので，小屋の中に入って自殺しようと思いました。中をさがしていたらなわがあったので，それを柱にかけようと思いました。

わたしは遺書を書こうと思ったけど，紙とえん筆がなかったので，家から持ってこようと思って，げんかんのチャイムを鳴らしたら，お客さんと思ったのか，お母さんがでてきました。それであやまって家に入れてもらいました。」（小4・女子）

ここに書かれている自殺は大人の使う意味とはだいぶ違っているが，子どもが咄嗟に自殺を思いつくことはあり得るし，大人の何気ない言葉に傷つく子どもが居ることを示している。たとえその時かぎり（一過性）のものであっても，子どものこの種の訴えに，ていねいに耳を傾けることが必要だ。

(2) 小学生の自殺の特徴
① 自殺と事故の区別がむずかしい例がある
三振三振　小6・男子の例

母子家庭。家庭の事情で転居・転校したが1年で元の村に帰ってきた。彼は以前からの顔見知りの友だちと野球を楽しんでいた。彼はバッターボックスに立つが三振。友だちが「三振，三振」とはやし立てたことで怒り出し，プーッと家に帰ってしまった。帰ったところ，家にいると思った母親はいなかった。彼に咄嗟に死がひらめいたのか，魔法瓶を持ち出して踏み台とし，カーテンレールにベルトをかけ，そこに首をつっ込んだ。やがて母親が買い物から帰り，玄関で音がした。彼はあわてた。その瞬間，魔法瓶は倒れ，首にベルトがくい込み，死亡した。検死の結果，

警察はこれを自殺として扱った。筆者は彼に本当に死ぬ意志があったとは思えない。家に走って帰ってきた時，母親の顔が見えなかった。彼はふざけて，あるいは不安にかられて首つりの格好をしたが，玄関のチャイムに足元がゆらいで魔法瓶が倒れ，心ならずも死に至ったのではないかと考える。一見，自殺に見えるが，このように小学生の自殺事例については，いっそう慎重な判断が望まれる。

小学生の自殺例に出あったら，もしかすると事故ではないかとまず吟味する必要がある。

② **直接動機**

死に踏み切るに至った直接の動機は「叱られて」がいちばん多く，「疑われて」がこれに次ぐ。後述の三田谷の著書（p.148）には，12歳の少女の例が載せられている。この少女は家庭の事情で小学校を4年で退き，髪結いに弟子入りをした。たまたま女主人のお金がなくなったことをこの少女の所業と認め，この少女を「責め，幾度か簪（かんざし）にて頭を突いて解雇」した。少女は仔細を親に告げ，かけ合ってもらったが，女主人が取り合わなかったので，少女は「身の潔白を証明」しようと遺書を認（したた）め自殺した。この遺書は全文千数百字に及び，原文のまま新聞に掲載され，大きな反響を呼んだ。とつとつと真情を吐露した文章は，今読んでも涙を誘う。疑われて，叱られての典型例といえる。屈辱をうけた子どもが，死をもって復讐しようとすることは十分考えられることで，これは大正初めの事件である。

③ **衝動性**

年齢が低いほど死のうと思って（自殺念慮 ── 後述）から決行するまでの時間が短いとされている。ふつうこの時期が危機介入のチャンスとされるが，決行までの時間が短いことはこの介入が困難であることを示す。カーッとなって，思わず知らずという状況がある。

クラスで仲間にからかわれ，死んでやると叫びながら机の上を走り，その足で3階の窓から飛び降りた。幸い一命をとりとめた。これも衝動性の高い例といえる。

II章　子どもの自殺

怒る時　かならずひとつ鉢を割り　九百九十九割りて死なまし
（石川啄木）

④ 家族の重要性

　年齢が低い自殺ほど，自殺に働く家族的要因が強いと言われている。アメリカの自殺学者フェファーはその著,『死に急ぐ子供たち』(Suicidal Child, 高橋祥友訳, 中央洋書出版) で，子どもの自殺を88例分析し，背景にいかに家族の力動が深くかかわるかを詳記している。「自殺の原因が家族にある」などというほど単純なものではないことがわかる。

　子どもの自殺に家族が大きくかかわっているというのが最近の研究の結論のひとつである。子どもの自殺事例を検討すると，両親の不和・離婚・再婚・別居・離別・放任・虐待・病気・精神障害・事故死・家族または親戚のだれかの自殺など，その家族が上記のような大きな問題をかかえていることが多い。年齢が低いほど家族の問題は子どもに大きな影響を及ぼす。家族がまったく関与しない子どもの自殺はないとさえいわれている。「自殺の危険度の高い子どもの背後には自殺の危険度の高い親（大人）があり，自殺の危険度の高い親（大人）の背後には自殺の危険度の高い子どもがいる。」(高橋祥友)

　自殺（未遂）した子どもの事例を調査して次のようなことがわかってきた。これはかなり一般化できる子どもの自殺の心理である。

　自分が自殺することによって両親の不和をなくすることができる（自己犠牲）と本当に考えている子どもがいる。また自分が悪かったので両親が離婚してしまったのだ，本当に僕は悪い子だ（罪悪感）と思う子どもがいる。交通事故で兄を失った弟は親が悲嘆にくれる様子をみて「あんなに兄さんが可愛かったのだったら，僕が兄さんの代わりに死んだほうがよかった」と思う子（身代わり）もある。これらの子どもの自殺についての考えは思春期の子どもやもちろん大人のそれとは違っていることがわかる。

　また親から手酷い折檻をうけて育った子ども（被虐待児）は，「やっぱりぼくはこの家にいないほうがよい。いてはいけないのだ。ぼくはい

らない子だった」と考える（捨て子感情）。それは日ごろから「お前が悪いのだ。お前のせいで家がうまくいかないのだ」というメッセージを親から受けとっている子どもが、このように考えたとしても不思議はない。つまりその子どもが家族の中であたかもスケープゴート（犠牲の小羊 —— 悪役引き受け）のような役割をしていて、だれかひとりの子どもを「悪者」に仕立てあげることによってかろうじて家族が平衡を保っているということでもある。

　こうした子どもの側の心理は周りにはなかなか理解されず、行動化したとき、なんてばかなとか、ふざけているとか、目立ちたがってやっているなどと誤解され、適切な援助が遅れがちになる。このような思いで、胸を痛めている子どもが少なからずいるし、それが減少していくという保証はない。このような子どもに向かって、困ったことは親に相談しなさいといってもとても無理な話。このような危機的状況にある子どもにとって、教師は身近な援助者となりうる。

2 中学生のばあい

　中学生の自殺は児童期のそれとちがって、思春期（青年期）的特色が明確になり、高校生・大学生のそれに近くなってくる。今日では青年期といわれるものは、かつていわれてきたティーンエイジャーの年代幅を拡げて、10歳から30歳にわたる間を指すものと主張される。すなわち青年期は延長されているという考え方である（笠原嘉『青年期』中公新書）。これは同時に少年・少女期（児童期）の短縮を意味している（山中康裕『少年期の心』中公新書）。中学生の自殺を考えるに当たっては、この時期の発達上の問題とその心理を的確に把握することがまず求められる。2点をあげる。

(1)「友の騒ぎに慰もる…」ということ

『万葉集』巻第十一，2571に
　　ますらをは　友の騒ぎに　慰もる
　　心もあらむ　我れぞ苦しき

という一首がでてくる。この意は「男というものは友だちと騒いでそれが慰めになるのに，女ってつまらないね，それができないのだから」と解されている。しかし当時は，男と女に社会的差別があった時代で，男が前面に出ているが，今日では女性も同じ，「友の騒ぎに慰も」っている。仲間と騒ぐことによって慰められるという。万葉の時代もまた仲間を必要としていた。

　思春期は親からの自立を試みる時期であるが，たとえ親から離れたとて自立した人間になれるわけではない。真に大人として自立するには中間項として同性同年齢の友だち，つれ，相棒，親友との交流，葛藤，闘争，競争があり，これを通じて，自我を強化していく。ここでの辛い体験，もまれることが子どもを大人にする。その最も合理的な場所が学校という場であり，ことに部活動がそれだ。不登校の子どもを持つ親が，どう働きかけても登校しようとしないわが子をみて，「学校にこだわることはない，本人が自立をすればそれでよいのだ」と悟ったような心境に達して，わが子にあえて登校を勧めない人をみかける。しかし自立に必須な中間項としてのpeer group（仲間）の重要性に気づくべきだと考える。この「騒ぎ」の中には，たしかに腕力，腕白，暴言，タカリ・ユスリ，意地悪，悪口・悪態（p.173〜）・いじめも含まれよう。このワイワイ・ガヤガヤ（喧騒・猥雑）の中で子どもは成長する。仲間関係を育てることを指導の眼目とするのはこの理由による。

　さて，快活無類・天真爛漫のトム・ソーヤ（マーク・トウェイン）も仲間づくりに苦しみ，家出を試み，死を考えた。自殺を企てることで，いたずらをしかけたり，いじめをしたりする仲間を苦しめてやろうと空想する。シンクレールも仲間に金銭をたかられ，窮して家から金品を持ち出す。その罪悪感から死を真剣に考える（ヘルマン・ヘッセ『デミア

ン』1919, p.136〜)。中学生の問題行動は仲間なくして考えられない。自殺もまた同様である。

(2) 思春期は危機？

　この思春期はまた危機（crisis）の時代といわれる。crisisとは，危なっかしい，危険という意味ではなく，「岐かれ道」というギリシャ語を源とすることばだ。家族から自立し，他人（世界・世間）が見えてくると，あれかこれか，右か左かと選択に迷う状況をさす。その意味で私たちの人生もこのcrisisの連続ということができ，とくにこの不安定期に彼らの問題行動が発生するのはいわば自然の成り行きというべく，ほとんどは成長のための必要な体験として理解することができる。

　ただ，その中でとくに慎重な対応が求められるのは思春期にはじまる一連の自己破壊行動で，その最たるものは自殺にほかならない。自殺とまではいかなくとも例えば，その周辺には手首自傷（リスカ）（p.121〜），重い拒食・過食，性的脱線，シンナー・薬物乱用，などがある。さらにこの周辺には家出・非行・暴走行為・妊娠などの問題行動（Acting-out）がある。自殺事例の中にはこれら問題行動と重なっているものがある。これらの現象を行動による訴えとしてとらえることが必要になる。これは，身体による訴え（心身症）とともに生徒理解の緒口となるもので，これが小学生の自殺とちがっている点だ。

　もっとも普段の生徒を観察するかぎり，思春期危機説など，どこ吹く風。みんな楽しく，めっぽう明るく，くったくなく，ケータイを操ってはしゃいでいる姿をみると，思春期はまことに平穏という説のほうが本当らしくみえるが…。

　さて，つぎに具体的に2事例について考えてみる。いずれも思春期の心性がはっきりうかがわれ，示唆に富むものである。どうか自由にここから指導上のヒントを引き出していただきたい。

事例⑤：F　中学3年生女子 —— 死の想いにとりつかれて
　① **事例の概要**
　　家族は父と2人の兄と本人の4人。母親は本人が中1のとき病死。やさしいもの静かな人であった由（本人のことば）。
　　Fが友人に日記・手紙等で自殺の日時を予定していて困っているという生徒からの訴えにどうしたらよいかと担任からの話で，筆者が1年余にわたり，この担任へのスーパービジョン（相談）を担当した。結局担任の働きかけが功を奏し，事なきを得た。現在は3児の母ということである。
　　Fは自殺念慮（p.94～）が強く，多数の関係者を巻き込んだ事例で，本人が残した日記・手記・手紙等の中に，思春期らしい影を落としている。ここにあげた事例に似たケースは，中学校では時々みられる。
　　Fは中2のはじめごろより，不安・不眠・疲労感を訴え，何ごとにつけ自信のない態度が担任によって観察されている。周囲からは几帳面，まじめ，取り越し苦労，先行きを心配し，周囲に対して過度な心配りがあり，納得できないと行動ができないタイプと報告されている。この傾向は母親の死後強くなったようで，その思いを担任との交換日記に記している。
　　中1の終わりごろから文学に関心を持ちはじめ，中原中也，工藤直子，久坂葉子の作品を読み，次第に「死」の観念にとりつかれていったようだ。限られた範囲だが同性の友人がおり，とくにその一人とはかなり深い交流があり，ボーイフレンドの名前もあがっていた。
　② **資料から**
　　中2の1学期ごろから2学期終わりごろまでにFが書いた日記・手紙の中から注目すべき文章のいくつかを抜き出してみよう。
　「どうしたのかな，つらいのです…死にたいって口にだすのはたやすい，けどそうするのは　むつかしいよね　だれかコロシテクレナイカ　逃げるんじゃないが　ドカーンと消滅しちゃいたい　グズグズ書いてしまってスミマセン　先生も私より長く生きてきたんだから　わたしより

も死にたいと思った回数が多いかもしれないね　だけど…」（担任にあてた手紙）

「私この間決めました。死にます。私の思考法で死んでみるんです。その決行する日にもし生きていたらやめます。今試してみるのです。自分をかけて…。あなたが止めようと思っても無理です。私はもう決めたのです」（友人あての手紙）

「私が死んだ時，世間がどう思おうとかまわない。だって，『私が死んだ』のはその時点で事実になっているのだもの…。みなさんにかかる迷惑は防げないけど…。ただひたすら『許して…』。私，いまとても満足しているの…それきっと，この手紙書いているからなのよ…。すべて満足にひたりきるのはイケナイわよ。キケンだな…」（友人あての最後の手紙）

「私は意地をはりたくてカケを始めたのかも知れない。誰にも負けたくないからするのです。一度『死のう』と考えて，その日が決定すれば，その日まではあと何日か，何時間かって緊張できると思うんです。その中であがけばちょっと『生』を考えたいと思うようになるかも知れないから…。死を思うと，その日を思うと他の事などどうだってよくなるんです…」（担任への手紙）

「遺書書き改めます。内容は変えるつもりは無いけど，もしもの時，もう先生（担任）が一度読んだことがあるものだと，話がヤヤコシクなるのではないかと思うのです。急かな。どちらにしても私事でご心労をめいっぱいおかけしてしまいます」（担任への手紙）

（この間に2回手首自傷）

「ほうちょうで指を切ってしまいました。血がいっぱい出ました。小指からもトクトク，ズキンズキン。血がまっ赤でした」（日記）（p.121〜）

「やはりだめです。気分がいいのでこのままでいます」（日記）

「あと何日かなって数える今日このごろです。クレージーと言われそうだな。ほとんど病気です。それからこの本いつお返ししましょうか。できるだけ用具の軽い日が良いです。ご都合は…」（担任への手紙）

「生きるってしんどいよね。たまには息抜きをしても許してくれるね。死にたい時に死にたいよ…。ああつかれた，いやになる。まったく死にたいな…。と思っても『いや，やめて，もう少しいきてみよう』とかの一種の妥協はしたくないのです。生きて行かなければいけないのか，死んでしまったらいけないのか，どちらでしょう…」

手首を自傷した時の感想をつぎのように書いている。

「…少し落ちついているってことかな。『死と向きあう』のがこわいから，普通のカオしているのかも知れません。でもやっぱり…。手首にナイフを向けた時のこと，自分でも怖いです」「それはフッとした瞬間だから，あとで止められないのです。誰もがそんな一瞬持っているのだろうけど，踏み込むか…休むかの違いなのですね…」

③ **事例への対応**

まず問題の重要性を認識した担任は，校内に指導のチームを組織し，問題を共有し，担任の指導の内容を関係者に示して理解を求め，Fについての理解に必要な情報を得た場合はチームに報告することを申し合わせた。担任は筆者にスーパービジョンを求めた。さし当たっては担任の不安を受けとめ，指導の見通しをもってもらうことにした。

家族は，Fの心の状況についてはまったく知らず，まさに寝耳に水。早速，父親（公務員）に連絡し，情報を提供し問題の重大性を認識してもらった。Fと担任の信頼関係を保つことが，この事例指導の核になっていることは明らかなので，とくに秘密保持については細心の注意をするよう申しあわせた。

担任との面談の中で，Fが自殺決行を予定している日が，母の命日であること（記念日自殺），その場所は母の墓前が予定されていることがわかってきた。そこで父親に助言して，その日を家族で近県の温泉に出かけて会食することにし，Fの決行予定をはずすことにした。

あとから調べてみると，母親の死のほかにペットの死，ボーイフレンドとの別れ（喪失体験）があったらしい。父親は不安から病院入院を持ち出したが，経過からみてそれはあまりに唐突すぎるとして取りさげる

ことにした。

　④ **担任へのスーパービジョン**

　筆者はＦの担任に対してつぎのことを伝えた。
・思春期の自殺念慮の強い典型であることを理解するため，基本となる文献を示した。担任が落ちついて対応できるための準備作業である。
・Ｆが持ちかけた問題をはぐらかすことなく，Ｆが取りあげる問題をどこまでもフォローしていく。
・自殺が悪いこと（問題である）という道徳的価値判断はこのばあい有効ではないことを納得してもらう。
・このような自殺の危険性がある生徒との面接のポイントは，まずは「決行の延期・保留」にあることを説明した。
・面接の中で，Ｆの狭くなった世界を拡げることをめざし，Ｆが幸い読書好きであることを生かして，本人の自由な読書（担任からは読む本を指定しない）を奨励する。
・今後の経過の中で，急に明るくなったり立ち直りをみせたりする場面があるかもしれないが，このホッとする瞬間が魔の時間でその時は細心の注意をする。

　学級では本人のゆううつな顔つきを感じとって，何かがあるらしい程度の認識はあったが，まさか自殺を考えているとはまったく気づいてはいなかった。

　Ｆの事例は，たしかに長期にわたってかなり強い自殺念慮が続いていること，視野が狭くなっていること（死へのとらわれとこだわり），喪失体験（母・ペット・ボーイフレンド），自傷行為が複数回あることなど自殺への危険因子は少なくない。一方，友人や担任とともかく人間関係が保たれていること，家族にまとまりがありＦを支えていることなどから，Ｆに対する周囲がもっている援助能力を評価することが大切だと考えた。担任の落ちついた温かく，かつ細心の面接が，小刻みにＦが自己克服する力になったことがうかがわれ，これが決行を止めることにつながったと考えられる。たまたま担任がＦの母親と同年齢で，Ｆ

は担任に母のイメージを持ち，Fの中にプラスの転移があったことも状況の好転の背景にあったと考える。

事例⑥：G　中学2年生男子 ── 鉄塔の上から
① 事例の概要
家族 ── 父・母・姉と本人の4人家族．父は国家公務員，母はパート，姉は大学院生．

小学校5年のとき現住所に転居・転校．軽い人気があり，学級委員になったが，万事にテンポが遅く，クラスをまとめる力はなかった．母親にナイフ・ハサミをつきつけて暴れたことがあった（母親談）．

6年になると委員を降り，その後は明るくなっていったらしい．4年のころから仲間にからかわれたり，いじめられたりしたため，父のすすめもあって，少林寺拳法を習い，自分から「強くなろう」としていた．

中2になって，友だちからのいじめがひどくなり，それを母親によく訴えた．母親の話では，理科の時間に水を背中に入れられる，チョークの粉をかけられる，手を後ろにしばられて腹や足をけられる，小石や鉄片をなげつけられる，雑巾で顔をふかれる，スリッパを口にくわえて下駄箱の前に立たされる…ということがあったという．これらの行為に対して担任（男性20代）は悪ふざけ，また仲間から注目をあびたがっている，仲間に入れてもらいたいための行動と解して取りあわなかった．

たまたま6月，2泊3日の校外宿泊行事の計画があり，グループ分けの際，Gが上記いじめをしている生徒と同じ班になった．そのため，Gは驚き，父にもこれを訴えたので，両親は学校に出向き，担任，教務と本人と5人で話しあったが，学校は班分けはもう決まったことだからとGの訴えは聞き入れられなかった．Gは帰宅しても不安で，夜は寝れなかった．そこで翌日，窮したGは意を決して部室で遺書を認（したた）め，それを仲よしの友人の家の郵便受けに，それも外から何かがあることがわかるようにはさんだ上で姿を消してしまった．夕方，友人の母親がその紙片を発見して驚き，学校や近所にこれを伝えたので，消防団，青年団総

出の山狩りが始まった。届け出を受けた警察は失踪事件として捜査を開始した。この山狩りでは，本人は見つからなかった。

　この山狩りがあったことをGはつゆ知らず，夜が明けるころ彼がひとり歩いているところを近所の人によって発見，確保された。後日，筆者は学校から「不登校生徒」として指導を依頼され，3か月の面接ののちには学校に復帰した。筆者はこのGに会い，つぶさに様子を聞くことができた。

　② **死を前にして**

　Gの話によると，学校を出たGはとぼとぼと死に場所を探して，彷徨した。そして送電を中止している古い鉄塔をみつけ，そこから飛び降り自殺しようと考えそれに登った。Gは鉄塔上の感想をつぎのように語った。

　「あたりは暗くてまったくみえない。不安になる。遠くの方を望むと，はるか彼方の街に赤や青のネオンが光る。これを眺めているうちに実に不思議な気持ちに陥った。そこで持っていたヘルメットとカバンを落とす。すると下の藪のねぐらから鳥がバーッと飛び立つ。怖い怖い…。下に降りていき，ヘルメットとカバンを拾って再び塔に登る。ここで2つめの遺書（メモ）を書く。これを往復すること3回。途中夜露のため靴がすべり，落ちそうになり，ハッとして鉄柱にしがみつく。なかなか死ねない。なかなか死ねない。早く楽になりたい。これ以上いじめられたらたまらない…。時々風の音がゴーッと鳴る。この音にまぎれて死のう。死んでもそれでよいと思う。かといって興奮していたわけではない。その闇の中にしきりにパパとママの顔が浮かんできて，どうにもしかたなかった。ここで死んでもよいかとも…。後で家の人がぼくのことを知って，捜しているなどまったく考えてもいなかったのでとても驚いた…」

　自殺決行直前の心境が鮮やかに語られている。まさに危機（crisis）そのものである。話していてわかったが，小学生のころGはプラモデルが大好きで，ピストルや玩具のライフルに小遣いのすべてを注入（ガンマニア），自室はそれで埋まっていたという。物を作ることが好きで，

ライフルを水中銃に改造したなどと自慢げに話した。
　面接の中で，Gは何ごとにも自信がなく，いじめられても反撃せず，あいまいで逃げ腰であったようだ。学校の宿題はあまりしない。筆者が自画像を描くことを課題として出したが，描かなかった。進路の選択も安易で，課題に積極的に取り組む姿勢もない。万事に消極的，生きる迫力に欠けている。自己評価がとても低い。

③ その後
　その後も家族の学校不信は依然として続いた。しきりに筆者に転校先を紹介するよう求めた。また母親との面接では母子の距離が接近しすぎる印象が強かった。母親にGの長所を言うように求めても何も言えず，短所だけを並べ立てた。ダメ・ダメを連発する毎日ではなかったかと思う。成績のよかった姉といつも較べられ，彼の悩みに耳を傾けるという家族の雰囲気はあまり見受けられなかった。
　一方，学校の対応にはいささか首をかしげざるをえない。学校はこの件にとても迷惑顔であった。Gが追いつめられた状況をまったく理解していなかった。彼が再登校した折，担任は「オマエ，家出シテハイカンゾ」これが第一声であった由。それに対してGは，「ボクはそんなこと無視している」といつもと違う発言。筆者もこれには驚き，いよいよ新しい道を踏み出し始めたのかと感じた。

④ 再び鉄塔へ
　このGの例には後日談がある。中2の時の不登校を話題とする面接はここで終わった。その後について筆者は多少気にはなっていたが，「便りなきはよき便り」とばかり，ほとんど忘れかけていた。すると母親から突然電話で，ある学園（全寮制）に進学したが，家に帰ってきてしまい様子もおかしいとのこと。筆者はピンときたが，ともかく母親と会って話し合ったうえでということで久方振りに母親と面接した。要は父親の「根性を鍛える」という方針でこの学園を選んだ（Gにはこの種の学園は最も不向き）という。それが5月にはもう行きづまり，校内で2回自殺を企図，仲間とともに脱走（離校），100キロを21時間かけて家に

たどりついたという。その学園は離校に際してはともかく学校に復帰させるというのが指導方針で，これに親も同意，集まった近隣のPTA役員もそれを支持した。Gは泣く泣く学校につれもどされた。彼は寮ですぐに身体症状があらわれ意識も失い，応急処置のあと，自宅に送り帰された。それからGは（ひとりで）筆者を訪れた。ようやく元気をとりもどしたGは中2以来のつもる話をした。そしてその翌年，私学に入学した。

　これでやれやれと思ったのもつかの間，母親からまた電話。ただならぬ雰囲気，言葉にならぬ言葉。Gはとうとう自殺してしまったのだ。たまたま姉が就職のために引っ越すことになり，両親が手伝いのため姉と3人で家を出たすきに，かつて中2の時自殺を企てたその同じ鉄塔から飛び降りたのだ。電話で母親が「私が殺したのです」と叫んだその言葉は今でも鮮烈である。

　筆者は重い足を引きずりながらその葬儀に参列した。仏教の習慣で，子を亡くした親は火葬場に行ってはならぬとのこと（逆縁）。母親は終始泣き伏していた。霊柩車に棺を運び込もうとすると，棺にすがり，動き出しても周りがどれほど制止してもなおすがりついた。筆者はこの悲惨きわまりない状況を目撃し言葉を失った。この時の母親の姿を決して忘れることはできない。

⑤ **自殺は権利？**

　昔からことに若者の間には自殺を肯定する意見がある。高校生・大学生と自殺の可否についてディベートをすれば，自殺肯定論がまちがいなく優勢となる。生きる意味を求めるこれら自殺論議を斥けるいわれはまったくない。

　実は西欧の古典古代（ギリシャ・ローマ）時代以来，しばしば自殺について論じられてきたが，自殺肯定論のほうが優勢であった。それを否定したのはキリスト教だ。自殺肯定論では，人間が自由であるということは，人間が自らの命を絶つことができるということで担保されているとされてきた。自殺の自由（権利）があるということが，人間が自由な

存在である証という論理である。議論好きな若者にとっては魅力ある説にちがいない。そのように論ずる元気な若者に対して筆者はいつも「たしかに自殺は権利であるかもしれない。私は百歩ゆずってそれを認めてもよい。しかし、だからといって他の人を悲しませる権利は誰ももっていないのだ」と力説している。さすがにこう話すと若者はしんとしてよく聞く。この確信は筆者のGの事例の辛い体験に基づいての発言だ。

自殺せし狂者の棺のうしろより眩暈(めまい)して行けり道に入日あかく

(斎藤茂吉『赤光』)

3 高校生のばあい

「一身上の都合にて他界する。その理由はあまりばかばかしいのでここには書かない」という遺書を残して、ベッドで縊首した高校生があった。彼は病院長の息子で、医者になることを期待されていたが、本人は画家を目ざしていた。たまたま属していた美術部の顧問と意見があわず、言い争っていたのをみたという生徒の証言があるだけで、自殺の動機がとらえにくい例である。それにしてもかくも端的に自殺を定義し、しかも自ら逝った例をほかに知らない。

かと思えば、長期にわたり死を願い、その心境を詳しく書き残した例もある。高校生の自殺は思春期事例と一括りにすることはむずかしく、いっそう多様で、かつ複雑となる。ここでは死に向かう過程がはっきり示される例を示そう。

事例⑦：H　高校2年生女子 ── 助けられなかっただろうか

① 事例の経過

×年×月×日午後8時半すぎ、教頭宅へ地元警察署から、Hが自宅納屋で変死した旨通報があった。教頭は校長に連絡、指導部長、学年主任、担任に電話し、担任とともに生徒宅に急行した。

自殺の状況はつぎの通りであった。Hは当日平常どおり授業に出席し，午後5時ごろ自転車で帰宅したものと思われる。家族（父，母，姉）は会社に勤務しており，その時間には不在であった。

　Hは自宅離れの納屋の梁（はり）に母親の腰紐をかけて縊首した。決行は7時ごろと推定された。納屋の入口には「お父さん，お母さん，迷惑をかけてすみません。姉さん頑張ってください」としっかりした筆跡の遺書があった。帰宅した父親が，いつも勉強室にいるはずのHがいないので不審に思い，納屋に行くと，そこで縊首しているHを発見し，引き降ろした。体温は残っていたが蘇生しなかった。直ちに110番に通報したので警察の係官が到着し，自殺と判断された。

② **当日の対応**

　教頭・担任はH宅に急行し，とりあえず悔やみを述べた。両親は教頭・担任と面識はあった（後述）が，いたく動転しており，事情を聞くことができなかった。父親から「ご迷惑をかけました」と短いことばがあった。

　9時すぎ，指導部長は地元警察署に赴き，担当係官にHの概要を説明するとともに，生徒に対する配慮から，新聞等報道機関に対して極力善処してほしい旨を要望した。係官からはできるだけ意向にそうよう努力するとの回答をえた。

　10時半，教頭・指導部長・学年主任が校長室に集合，関係方面への連絡にあたるとともに，全生徒に対する指導の内容・方法について協議した。やがて新聞社等からの問い合わせが殺到した。マスコミ関係者に対しては「窓口を教頭一本にしぼる」ことを確認し，零時近くに散会した。

③ **翌日の指導**

　各新聞は1段ベタ記事で，校名を伏せて「勉強に疲れて」の見出しで報道したが，出校した生徒のほとんどはこれに気づいていなかった。

　出張先より急遽予定を変更して帰校した校長を交えて話しあい，第1時限，校長から一斉放送によって事情を話すとともに，本人の冥福を祈

り，逞しく生きることを求めた。生徒の中には大きく動揺する者もあった。

学校では生徒会役員・クラス代表・中学校の同窓生若干を選んで弔問させたが，次々に弔問に出向く生徒もあらわれ，教師が出かけて指導にあたった。校長・教頭は学校を代表して通夜に参列した。

その翌日葬儀が行われたが，参列者を限定した。葬儀後，数名の女子生徒にとりみだした様子がうかがわれたので，担任が同道して学校に帰り，話しあった。担任は生徒の帰宅を確認した。

その後，臨時職員会議を開いて，そこで校長が報告した。またPTAも臨時に役員会を開き，保護者への説明の方法が協議され，これに基づいて予定されていた保護者総会で校長が説明することになった。

④ **本人についての資料**

家族構成は両親と姉1人と本人の4人家族。学業成績は中学から高2までいずれも優秀。健康・性格・趣味・対人関係・性格テスト・部活状況・交友関係には特記することなしと記されている。

⑤ **指導経過**

・1年次

1学期期末テストに欠席したため，担任が訪問面接。自信がない，レベルの高い学校に来て失敗した。自分は学習能力が劣っているなど話す。担任は思いすごしだ，やればきっとできるようになると励まして帰る。春休み中にガス自殺を企て，姉の発見によって未遂に終わったことがあとでわかる。総合病院精神科を受診，軽いノイローゼとの診断をうける。

・2年次

引きこもりがちなHを心配した父親が来校し，本人を交え担任と長時間面談した（5月）。なにもしたくない，何事もうまくいかない，何のための勉強かわからないなど，ひどく思いつめているようすだった。話しやすい教師とはしばしば話しあっていた。教会にも足を運んでいるようで，教師にそれに関していくつか質問した。

9月以降は，担任に話しかけるが，生きている価値がない，他人に迷

惑をかけてばかりいる人生を早くおしまいにしたいなどと繰り返す。担任は焦らないよう，無理をしないことが大切だと説得する。春休み中のようなことはしないから心配しなくてもよいともいう。

　10月。毎日のように死にたいというので心配だと，両親が本人をつれて来談し，担任・指導部主任を交えて夜おそくまで話しあう。生きていると充実感がない，無意味な毎日だ。能力もなく努力もしない自分がつくづくいやになった。周囲が一生懸命勉強しているのを見ると，自分はこの学校にはふさわしくない生徒で，どこか別の学校に変わりたい…等を繰り返すので，いっしょに面接した担任・指導部主任は思いすごしであると説得につとめた。Hのテスト成績が良好なのは能力のある証拠であるとか，人生には時に休養も必要だといっても，Hはまったくうけつけなかった。母親には専門医を受診するようすすめたが，実現しなかった。

　決行当日，全校集会の日に当たっていたが，平常と変わったようすはみられなかった。授業もしっかりうけた。

・担任の所見

　まじめ・きちんとしている。すべてのことに全力投球，一生懸命すぎてゆとりがない。一途な人がら（1年担任）。

　理想に走りすぎ，現実感覚が乏しい。「遊び」を知らない。自分の中に閉じこもり，自分で出口を塞いでいる感じ。なにも自分を責める必要がないのに責め続ける。今どきめずらしい純粋な生徒。暗いところにのめり込んでいることはよく伝わったが，どうしても止めることはできなかった（2年担任）。

⑥ **教師による検討**

　事故後，1か月たってからHにかかわりのあった数名の教師によって反省会がもたれた。その中の情報や意見を取り出すと，

・乃木の殉死，藤村，三島・太宰・川端の死について格別の関心をもっていた。読書も高校生の水準をはるかにこえていた。狭い範囲の読書にのめり込んでいく生徒にどのような歯止めが有効だろうか。

- 死んだつもりで生きていくとか，能力のある人にこのいのちをあげたいとよく言っていた。話としてしか聞かなかったことが悔やまれる。
- 自分では努力していないというが，実際はそうではない。事故当日も，勉強していなければできないような質問にも的確に答えている。だが勉強に対する充足感はなかったようだ。
- Hは完全を求めていた。完全主義が自己破壊につながるということを見せつけられた感じだ。自分を満足させることができる「勉強」ができない自分に絶望したとでもいおうか。Hのいう勉強とは成績とか順位とかいったものではなかったように思う。
- ふさぎ込むと他人を寄せつけない雰囲気をもっていたと友人は言っている。声をかけようにもかけられなかった。
- 自分を責める気持ちが強かった。よく話に来たが，はじめは顔がこわばっていた。話しているうちに明るい表情になり，すなおにハキハキ答える。ただ帰宅して自室に入ると，どうにもならないような気分におそわれるようだ。こればかりは教師としてうつ手がなかった。
- 中学時代に不登校の経験があり，悩んだあげく，担任に相談に来たこと，および春休みの自殺未遂をつないで考えると，Hの気分には周期のようなものがあるように感じられる。
- 姉にはしばしば死にたいともらしていた。また，親もそのことをよく承知しており，親は精神科医や担任に相談をしている。しかし話が終わると，ごく明るい表情になるので，まさか決行するとは思っていなかった。
- 親はHが長い間（3年以上も）苦しんでいたこと（後日に日記を発見，後述）をあとから知り，親も考えたことのないような世界について深く悩んでいたことに驚くとともに，何もしてやれなかったことを悔やんでいた。

⑦ **日記から**

Hは中学2年以来，ほとんど毎日，日記をつけていた。自殺後大判ノート数冊が発見され，H理解のためと親から学校に資料として提供された。

その中からHが死へ傾斜する過程を中心に一部を抜き出してみよう。

中学2年1月×日　今日の学活で劇をしました。生徒と先生，親と子どもが立場をかえて，自分だったらどうするかという劇をするのです。幸い私はやらなくてよかったのですが，もしやったとしたら，本当の自分の気持ちや考えをあらわさなかったと思う。私はほかの人の劇を見て，取ってつけたような笑いを装い，心の底では誰にも気づかれずに泣いていたのかもしれません。人を信ずることができなくなった自分をあざ笑っていたのかもしれません。どちらにせよ私は，陽気さをどこかに置き忘れてきたような寂しい暗い気持ちにおちいりました。

中学3年11月×日　今日はまた涙に明け暮れる。楽しい生活がしたい。なぜ自分がこんなみじめになってしまったのか。自分でもはっきり言い表せない。その日を暮らすのがつらい。このままの生活なんてとても生きられない。私はいつも交通事故にあったらとか，地震がおきたら…などと考えてしまう。どうしたらこの危機を脱出できるのか？　いつごろからこんなことを考え込むようになったか。今では深刻な悩みとなって私に迫ってくる。…いっそのこと不慮の事故で，私が死神を背負えば，誰にも都合のよいことではないだろうか。私自身もよい。親も自殺よりは肩身の狭い思いはしないであろう。…とにかく私は生きることに疲れた。生きる喜びを失ってしまった。そんな気がする。どんなに私が笑っていても，それは真の笑顔ではない。皆に私の悩みを知られたくないためである。…今私には自分を立ち直らせる力もないし，自殺する勇気もない。意志のない人間である。ああ，誰か私を助けてほしい。もう自分の力ではどうすることもできなくなってしまった。しょせん私は何のとりえもない，気の小さい弱い人間でしかないのか‼　私の気持ちを理解できるのは，おそらく今までに自殺した人たちだろう。なぜこんな自分になったのだろう。学校に居ても家に居てもつまらない。つまらないのでなく，孤独感をひしひしと感じ，息苦しくなってくる。心臓が圧迫され，鼓動が止まりそうになる。私は安らかになりたい。こんなことばかりを考え，勉強もしないのに頭が痛み出してくる。…やはり自殺か。そ

の勇気がない。あとのことを考えると。自分のことだけ考えれば──。親が世間からどう見られるかとか。私を失った母の姿を考えるとそれはできない。私だけの立場からいけば，自殺するのが一番楽であるが，一番むずかしいのかもしれない。自殺はひきょうなやり方だということは百も承知の上だが…。

高校1年9月×日　なんだか，どこにでもいい人は居るものだと言っておきながら，それが崩れるような気持ちの今日，私は心のどこかで私だけに目を向けてくれるような友，そして私もその友を安心して信じられる，そんな友を求めていたのではないのか。そして今日，それは彼女に対するわが思い違いであったような感じになったのではないか。私は彼女からこんなことをされると寂しくなる…。

10月×日　「まじめ」これを教えてくれたのは，あの偉大な漱石。『虞美人草』，素晴らしい小説。文学的に実に。表現と道徳観。漱石の初期から中期にかけての生活の充実を思わせる。漱石は私にとっても大切なことを教えてくれた。このままずっと，文学の中に私の生活を見出すことができたら，どんなに素晴らしいことだろう。憂うつ，悲観，自己嫌悪，それを乗り越えて文学のある安定した生活を築くのが私の人生である。辛い，苦しい，寂しい，悲しい，死んでしまいたいような時があるかもしれない。だがそれを，少しでも努力して，そして時間をかけて元の自分に戻るまで頑張ってみよう。「まじめ」このことばでいつまでも生きていこう。

2月×日　耐えられない，消極的な，けん怠を感じる生活を，姉の説いてくれた「悩んでいる時こそ，行動を起こしてみるべきだ」という思想を基盤に，私の生活が，信念をもった生活が戻りはじめてきているようです。そして私は，真剣な読書を，自分の生きていく道として求めています。そしてこれから，百になるまでずっと，自分の生への真剣なものに，努力していきたいと思います。

3月×日　とにかく今の気持ちで，今進みかけた道を行こうとするならば，私はだんだん現実から，友人から離れていくでしょう。そして何か

寂しい快感というものを感じるのでしょう。本当にどこか別の静かな暖かい，それでも寂しい世界に入るために現実が忘れられたらどんなにいいことでしょう。…試験がすんだら比叡山に登って自分の人生を確かめてみるつもりです。

3月×日　楽しい時というものはないのでしょうか。ああどうにかしたい。やっぱり生きていてはいけないような…。今は時が必要です。明日は早く帰って眠ってみましょう。やることがありません。ともかく私には休養が必要です。何も考えないで，何もかもさっぱりと忘れてしまって休むことが必要です。一時的な解決にしかならないかもしれませんが…。お母さんごめんなさい。本当にこんな子で。私のためにお母さんが苦しまなければならないかと思うと…。ごめんなさい。こんな弱いどうにもならない私…。

3月×日　熟睡もできなければ，起きて何をやってよいかも判らない。ずっと考えつづける。暗くなっていったあの悩みが底にあるからなのか。だが無気力だとか，ニヒリズムだとかいうのではない。なにか厭世的な気持ち。何もおもしろくない。どうやって時を始末したらよいか迷う。今までにこんな生活はなかったはずだ。自分はどうしようもなく異常だ。死ぬでもない，生きるでもないボケー。何をしてよいか困る。力が抜ける。気の持ち方次第ではなくなった。本当にこんなことを感じるようになったら人間の終わりだ。泣くこともあせることもとうに通り過ぎた。時間をどう過ごしたらよいか。ただ呆然と口を開いているだけ。中1の頃にもどりたい。あのころの自己に戻りたい。

3月×日　自分はダメ人間です。強く生きることができなくて，他人(ひと)のしていることすら億劫で，後にのばしたり，放心状態になったりして，とてもいいかげんな生活。何か努力をすればよいのに，そう思っても，周期的にやってくるあのいやな自分，どうにもできなくなった自分を思うと，何もできなくなります。

3月×日　地球上には生きていける人間，生きていてよい人間があり，生きていかれない人間，生きていてはいけない人間があります。私は後

者の最たる者です。立ち直るすべが見つからないと，死ぬことをあれこれ考えるのです。死ねば逃げられると思っているのです。それはそうです。でも私に死ぬことなんかできるはずがありません。怖いのです。死ぬ瞬間が苦しいと思います。私はやはり生きていくでしょう。

　死んだような生活，貧しい精神活動の中で生きていくのならば，他人(ひと)に害を与えるだけの私は，どこか遠く誰も二度と帰ってこられないところに行ってしまったほうがどんなにかいいことでしょう。ただ，惰性の生活を続けているだけで，いいかげんに考える癖が身についてしまいました。これを書くのも生あくびをしながら書きました。私に接してきた人は，私のいじいじしたところにあきれかえって，さじを投げてしまいました。自分がいやでたまりません。でもそんな時，私は「今は憂うつな時だから仕方がない。陽気な正常な時に戻ればなんとかやっていける」そう考える，このいいかげんさにあいそがつきました。

　カラスが4回鳴きました。とんでもないことを書いていた矢先，いやな感じがしました。主よ罪深い私を少しでもお許しください。

3月×日　今日，はじめて私の関与している世界を考えた。学校の名誉や，友人・知人に軽蔑されることを考えて厭な気がした。公になることが厭だった。そして母のことを考えた。涙がまぶたにたまるのを感じた。私は母のためにはそれができないと感じた。母がいなかったらとっくに遂げていただろう。世間にうしろめたさを感じて生きていかねばならぬ母の姿を思った…。深刻にして，後生のいとまごいを決意することに思い切れたとき，ただ母のことを考えるほか，何も考えないだろう。あるいは自分が関与する世界がなかったら，もうとっくにそうしてしまっていたかもしれない。

3月×日　私のような人間が生きていてはいけないということが決定的になった。通知表をみた。3ばかりで，2があるのではないかと思っていたが，そうではなかった。すごくよかった。だがちっともうれしくない。こんなにできない自分なのに，なぜ先生方は分かってくださらないのだろう。甘すぎると思った。自分で全く納得がいかないからだ。私が

瞬間に思ったことを書いておく。「自殺できる」そう思った。あの瞬間，本当に何も考えずにそうすればできたであろう。考えるからできなくなる。

　けげん，夕なぎ，じゃけん，懐郷，悔恨，自省，恥辱，厄介，くさす，言いよどむ，未曾有，矢継早，愕然，茫然。

3月×日（自殺未遂の翌日 —— 筆者注）　私には今日の日記は書けないはずだった。私は何も考えられなくなって北を枕にして，もし日柄がよかったならば悲劇の日であった。私の枕元にも線香が立てられて，私の息は永遠に絶えていた。私は一体何を考えていたのだろう。2日前，ガスのゴム管を調べていた時，自分は恐ろしいことをしていると考えていたのではなかったろうか。あの日は，朝起きた時から何とかしてわずらわしいことを考えなくてすむようにと…。

高校2年7月×日　私の頭は霧がかかって重くなる。何も考えられなくなる。何もしたくなくなる。すぐ眠ろうとする。しかし必ず1度か2度目を覚ます。4時か5時になるともう眠れない。5分ごとに時計をみる。その間隔が次第に縮む。何回も寝返りをうつ。

9月×日　先生（注：担任）と話がしたかった。それだけ私は弱くなっていた。しかしこんなふうに思うことができたらいい。職員室の前を幾度も往復した。しかし先生はいそがしそうで，そんな中へ入っていくことはできなかった。入ろうとするとまた誰かがきて，結局私は先生と話すことができなかった。職員室の前を往復するくらいなら，その間にあきらめをつけることができたであろうに。決してできないことではなかった。話すといっても特別話題があったわけではない。ただこんな自分の言うことでも，強くは否定しないで聞いてもらいたいような気がしただけから。自分はなんでも話すが，自分でもわからないほど，自分を抑えることができず，放心状態になることがある。その時も何も話せなかったかもしれないが，しかし先生といっしょにおれば，何か話してくれるだろうから，それを聞いているだけでもよかったのだ。こんな気持ちで軽薄な行動をとってしまえば，あとで後悔するかもしれないと考

えていた。それなのに，私は何回も職員室に足を向けた。
9月×日（最後の日記帳に）
「わが友の　心ごとく　広々とした　無重力地帯
　われせまき　こころを　痛めつけ　あげくのはては
　何事もせず　宇宙のはてまで　捨てられた
　人をも寄せつけぬ　奥深き　恐怖におおわれた　大宇宙
　これこそ　わが友の　こころの底　深き思想
　君も　私も　実に偉大な人間になりたまえ」

⑧ 死に吸いこまれる

　自殺事故後の学校の対策の過程をのべ，ついでHの自殺に至る過程を理解するため，事故後に発見された日記の中からいくつか抜粋した。ここではHにみられるようなタイプの自殺事例について，やや一般化して考えてみよう。

　自殺が唐突におこるものではないことは，Hの事例が実に鮮明に示している。日記は篋底（きょうてい）に深く秘められてはいたが，H自身は死をことばで姉に訴え，親にもしばしばもらしている。教師にもそれとなく話している。それにHの状態を心配した親が，そのことを話題として何回も学校に出向き長時間にわたって話しあっている。つまりHの事例は自らが自殺を予告し，周囲もうすうすその危険を感じていたという点で珍しい事例といえる。

　自殺の動機がまったく不明というものはごく少ないといわれている。高校生の中で「死にたい」「死のうと思っている」「死んでしまいたい」という自殺念慮をもっている者は決して少なくない。もしこれに強い自殺の動機づけがあれば決行されることになるが，社会性があり，考え方も柔軟で，親しい仲間やよく話しあえる家族があれば，それなりの方向に向かって自己解決していくものとされる。また，たとえ切羽つまった状況に追いつめられたとしても，身近に適当な相談者がいれば，なんとかこの危機をやりすごすことができる。ただHのように時々憂うつな気分に襲われて生きる意欲を失い，これを十分他に伝える手段をもたず，

次第に内にこもってしまうような場合には，なんらか他からの働きかけが必要となる。たしかに成績・進路・友人・恋愛などの学校問題は危機を深める引き金になるが，それに先立つこのようなうつ的な気分は本人だけではいかんともしがたいものと思われる。

　このような状態の生徒は，教師にはうすうす「悩んでいる」ことが感じられてはいても，どのようにアプローチしてよいのかは迷う。時々明るい笑顔がみえたり，学習に努力しているようすを見ると安心してしまう。たとえ外からは明るく見えても，本人の内面の世界は深く暗い気分におおわれており，その絶望した感情が，このような日記に記されることがある。時には，ことばにでることもあり，またふだんとはちがった行動で死を婉曲にほのめかすことも少なくない。日ごろよく観察しておれば，他の生徒とは「どこかがちがう」という感触はえられるのではないかと思われる。

　自殺したいと思っている生徒は，その気持ちを合理化するために，死を主題とした文学や，自殺した文学者に強くひかれてゆれる（Hの場合も）。このような時期が終わるころ，自殺の日時・場所・方法も考え，日記にその計画の一部を書くこともある（Hの場合はこの部分が不明）。

　長い間，生と死との葛藤が続くと，いっそう抑うつ状態が強くなるが，自殺を決意してしまうと，急に明るくなったりすることがある。この時期になると，死についてのべるときも，本気とも冗談ともとれる表現になって，周囲は愁眉を開く。それが自殺決行によって裏切られるわけであるから，周囲の驚きと悲嘆は大きい。これらの死に至る内面の過程は多く秘められているため，的確にはつかみえないので「唐突」と受けとられる（Hの場合には「小出し」に訴えられていた）。

　Hの場合，長期にわたって（3年以上）この過程が驚くほど克明に記されている。この日記や周囲の証言からHの人がらをさぐってみると，几帳面，完全主義的，潔癖，純粋，一途，ひたむきなどのイメージが浮かぶ（テレンバッハ『メランコリー』みすず書房）。これを別な面からみれば，遊んだり，楽しんだりする志向が弱く，気持ちにゆとりがない。

敏感ではあるが，伸び伸び生き生きとした現実的な生活感情が乏しく，友だちづくりが不器用。周囲にあわせようとするが，それがなかなか受け入れられないなどの側面がみられる。また高校入学後は，早朝覚醒，食欲減退，無力感・罪責感におそわれ，時折り放心状態になったようだ。うつが前面に出てきているように思われる。

　これに対し，親も教師も格別熱心に対応したが，結果的にはHの内的な世界に十分近づくことができなかった。このような事例には，一般に不向きとされている説得や激励がくりかえされたようだが，これらによってHはかえって，絶望的になっていったのではないかと思われる。ふつう，うつ傾向（うつ病も）にはまずなにより，「休養・休息」が保証されるべきで，ついで薬物投与も有効であり，これにインテンシブな精神療法が加わればいっそう功を奏するものと考えられている。

　この点，学校が精神科受診を示唆したことは適切であると思われる。ただし，実際にかなりうつ状態が強まっているときに，受診，受療を本人や家族に納得させることは，言うほど容易なことではない。そのタイミング，家族内の人間関係，学校の受けとめなどを含め，総合的な判断が必要とされる。

4　高校生の自殺観

　高校生に，「自殺のニュースを聞いたとき，あなたはどう思いましたか」をアンケート調査した。これをみると高校生も自殺を論じるときは，ひとかどの哲学者になるようだ。その中の自由記述をつぎのような視点から分類してみた。

[Ⅰ]
・死ぬくらいなら，もっとほかにすることがある。100年もたてば死ねるのに。バカなことをする奴がいる（男）
・生きる勇気がない弱虫だ。同情できない。社会に負けた人間がやる卑

図2 高校生の自殺観

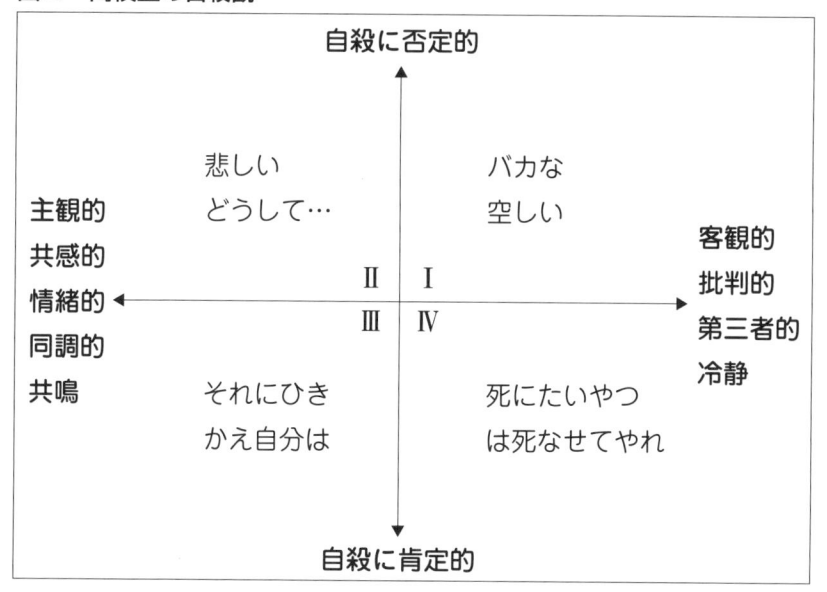

```
                    自殺に否定的
                        ↑
           悲しい      │   バカな
           どうして…   │   空しい
  主観的                │                     客観的
  共感的         Ⅱ     │     Ⅰ              批判的
  情緒的    ←─────────┼─────────→         第三者的
  同調的         Ⅲ     │     Ⅳ              冷静
  共鳴                  │
           それにひき   │   死にたいやつ
           かえ自分は   │   は死なせてやれ
                        │
                        ↓
                    自殺に肯定的
```

　怯な方法だ（女）
・無関心，無感動。敗者の論理の適用のみ（男）
・親の泣き顔を想像したら，誰も死ねないはずだ。理由はどうあれ同情できぬ。無責任だ（男）
・つまらぬ理由で死ぬ人が多すぎる。そういう人は自分にも他人にも甘えている証拠だ（女）
・「フーン，ソウカ。ソレハ思イキッタコトヲナスッタモンダ…」そのくらい…（男）

[Ⅱ]
・あいつは死んだのに，俺はまだ生きているといった奇妙な感じ（男）
・なんだか知らないが，本当に死ぬほどのことがあったのか（女）
・もうすこし，自殺する日をおくらせたら，幸福な日が訪れたのかも（女）
・そういう気持ちもわからぬではないが，同世代の人間としてとても悲しい（女）
・「またか…」と思いますが，僕にとって気になるのは，本人より家族

の悲しみだ（男）
・生きておれば楽しいこともあったのにネェー（女）

[Ⅲ]
・どうしてもう少し頑張れなかったのか。ひどくゆううつになる。いつか自分もそうなるのではないかとあせり，いらだつ（男）
・とてもショックだ。誰の心の中にも少なからずうねっている自殺という導火線に火がついたのだろう。自分と重ねてみてぞーっとすることがある（男）
・恐ろしくなる。私よりまだまだ苦しんでいる人が沢山いるんだなあ（女）

[Ⅳ]
・大人になって心をわずらわすよりは，また若い時に自分の理想を崩すよりは期限を決めて生き，なすべきことを実行して死ぬのはよいことだ（男）
・自殺を自然なことだと思うことがある。自殺した人を責めるのではなく，それと同じような境遇に生きている人をほめるべきだ（男）
・自殺を否定することはできない。周りの人にはわからない苦しみがあったのだろう。ただ，死という道しか方法がなかったかとなると疑問が残るが…（男）
・自殺は一時は騒がれるが，やがて忘れ去られてしまうことを知っているから，僕は自殺する気になれない。僕は苦しみを乗り越えて生きているわけではなく，死ねないから生きているにすぎない（男）
・自殺は勇気でもなければ逃避でもない。なりゆき，結果であり，はずみといってよい。私は今生きているが，明日は自ら滅ぶ道を選ぶかもしれない（女）

5 自殺率増加の背景

　E. デュルケム（1858～1917）は著名な『自殺論』の中で，自殺率は

民族・社会階層・職業で一定していることを述べるとともに，社会状況の変動によって自殺率が変わることにも注目している。戦後日本の青少年の自殺率がピークに達した1958年，14〜19歳の男性の自殺率（人口10万人当たり）は31.4，同年の女性の自殺率は26.4であった。自殺率が最低となった1967年の14〜19歳の男性は8.3，女性は7.2。男女とも数分の一近くに激減した。10年間に同一の年齢階層で自殺率がこれだけ下がった国はない。これは日本の青少年の自殺傾向の特色といえるかもしれない。恐らく日本の場合，青少年層が他の年齢階層に較べて社会変動の影響を一番強く受け易いことを示すとみることもできよう。ちなみに平成20年度15〜19歳の自殺率は男性9.8，女性6.8。ただその背景要因を説明するよう求められても，これに答えることは容易ではない。

ちなみに，「自殺対策白書　平成22年度版」の「第1—7図　青少年（30歳未満）の自殺者数の推移と自殺者全体に占める割合」をみると，1998年，全年齢にわたり自殺総数が急増しているが，青少年の年齢層ではわずかに増加がみられるものの，全自殺総数の中に未成年者の占める割合は2.0％前後と変化がない。

例えば1965〜70年にかけてドイツ・フランス・アメリカで青少年の自殺が増加した。これとほぼ同時期に西サモア・トラック・ティコピアなど西南太平洋の諸島で青少年の自殺率が異常に高くなった。先進国に較べればこれら諸島は社会構造が単純なうえ，自殺に影響を及ぼした外的要因も明らかであるので（農薬の導入），自殺率の増減については説明しやすい。しかし，それが先進諸国の自殺率となると言うほど簡単ではない。何らかの説明があってもよいが確たるものは，今のところない。

1955〜58年の自殺総数（自殺率も）増加の背景として当時あげられたものはつぎのようなことであった。
①戦争による社会経済的な混乱がなお尾を引いており，就職難・住宅難などの生活苦によるストレスや欠乏感が強かったこと
②民法は民主的に改正されたが，家族生活の中ではあいかわらず権威的・封建的な考え方が残り，新しい教育を受けた世代との間に葛藤を生じ

たこと
③個人主義的・利己主義的な風潮が高まり，新旧のモラルの対立が目立つようになってきたこと
④経済復興の目安は立ったものの，社会福祉では依然立ちおくれがみられたこと

等である。これらの要因が輻輳して青少年の自殺率が高くなって，世界でも注目され，そのため日本が自殺国であるという誤解が生まれるに至った。

自殺率低下の背景

その後自殺率が急速に低下した理由として，
①経済成長路線が軌道に乗り
②若年層の雇用が促進され
③所得も向上して
④社会生活上のストレスが減少した

と説明された。ミクロな視点からは多発期に自殺の手段とされた農薬や劇毒物に法的規制が行われ，この方法による自殺が激減したとされる。

1960年と1975年前後に児童生徒の自殺の増加がみられたが，これに対しては，
①学歴偏重の社会的風潮
②過酷な受験体制
③偏差値重視の管理教育

が問題であると指摘される一方，
④子どもの耐性の欠如
⑤甘え，過度の利己的な個人主義的生活態度
⑥親の教育力の低下

などが取りあげられた。

これらの状況は今日でもそれほど変わっていないが，自殺率は低下の一途をたどっている。

それには，

①人口圧の減少によって社会的ストレスが少なくなったこと
②青少年人口の減少
③大学間格差の解消などによって，その気になりさえすれば，誰でも大学の門をくぐることができるようになった

ことなどが指摘される。

青少年の意識の変化

　これらのほか，最近の青少年の生活様式や意識の変化も見逃せない。彼らの個室はTVをはじめ各種オーディオ製品，パソコン（インターネット），ゲーム機であふれ，携帯電話の急速な普及によって友人や情報からの孤立をまぬがれている。「らくだ・とくだ・おもしろい」という価値感情が広く定着した。かつて青年期の特質として指摘されてきた，理想の追求や苦悩・煩悶，自己犠牲等の諸価値など今や見向きもされなくなった。責任意識からくる人間関係の緊張感もどこかに失せていった。わずらわしい人間関係をさらりと避け，遊びの中に問題を解消するという生活能力は格段と高まってきた。大学のキャンパスや街角の若者の群れがかもし出す雰囲気はこのことをよく物語っている。かつて思春期は危機の時代だと言われたが，今日の若者の風俗を見るかぎり，思春期平穏説のほうが妥当という印象がある。「青少年白書　平成21年版」・「警察白書　平成22年版」には独立した自殺の項目がない。

　しかし，この自殺率の低下をもって青少年の精神健康が向上したといってよいものであろうか。青少年の問題行動，とくに自己破壊的行動（手首自傷，拒食過食，家庭内暴力，ギャンブル，性的逸脱，シンナー・薬物乱用，非行・犯罪行為）は決して減少していない。これら問題事例の中には自殺の代理行動ともみられるものがある。

　さらに注目すべきは，自殺とは関係がないように思われる「引きこもり」の増加である。彼らの88％は学校時代に長期にわたる欠席（不登校）を経験しているという。彼らは一見目立たず，悪事も働かず，ひたすら家に居続けて，家族だけが困り果てている。彼らは決して自殺の予備軍とはいえないが，精神の不健康を示していることは確かである。

自己責任と選択を原理とする構造改革がすすめられると，青少年の問題行動に対応できない家族がふえることが予想される。児童虐待はその一端で，ここで報道される家族の問題は自殺の背景と共通するものがある。子どもを守りきれない家族はまた自殺を防ぎえない家族であろう。家族が危機にさらされれば，その中から自殺者がでても不思議ではない。青少年の自殺率の低下は一応喜ぶべきことではあるが，それをもって青少年の問題が解消したのではないことを銘記したい。とくに最近の青少年の自傷行為（リストカット）は自殺関連行動として注目すべきである。

Ⅲ章

多様な思春期事例

1　足摺に消える ── 体験自殺

事例⑧：Ⅰ　高校3年生男子 ── 長い死への思い
① 事例の概要

　18歳の誕生日を迎えた1週間後，×月27日午前5:00，足摺岬灯台東方70メートルの断崖から投身自殺した。

　家族 ── 父・母・弟・本人の4人家族。家具販売業自営。家族の間にとくに葛藤はない。ただ弟が兄と同様の不安状態になったことがあり，周囲の援助で半年ぐらいで回復したという。

　学校生活 ── 成績は上位，哲学または文学を専攻しようとしていた。柔道部で活躍，初段をとり正選手になる。年に2～3回の欠席があるだけで，教師からは「素直なおとなしい，普通の生徒」とみられていた。母親は「きちょうめんで，まったく手のかからない子」という。内心をうちあける2～3人の友人があった。

　中学時代からの読書は質量とも，普通の中・高校生の水準をはるかに超える。乱読。残されたノートには詳細な読書一覧がある。中学時代から克明に書きとめられた日記と，家出（23日）から決行の前日（26日）に至るまでの分刻みの手記がある。流れをたどってみよう。

② 死と向かいあう

　中3時代の日記 ── 綿密に記入時刻をつけてある。ほとんどが読書の感想である。『若きウェルテルの悩み』，『路傍の石』など若者向きの読書案内に示されたもの百数十冊をはじめ，加藤諦三の「人生もの」といわれるもののすべてが含まれている。オー・ヘンリーの作品には傾倒していたらしい。高い感受性と豊かな表現力は，中3の生徒のものとはとても思えないほど充実した内容である。ただその行間には言いしれぬ不安と死への傾斜が読みとれる。例えば自らを「無気力人間，無勇気人間」としたあと，つぎのように述べている。

はかない青春／疲れた夏が頭を垂れて／湖に映った自分の色あせた姿をみる／私は疲れほこりにまみれて／並木道の影の中を歩く
　ポプラの間をおどおどした風が吹く／私の後ろの空は赤い／私の前には夕べの不安と／たそがれと「死」とがある
　また「独り」と題する文には，
　地上には大小の道がたくさん通じている／しかしみな目ざすところは同じだ／馬で行くことも／三人で行くこともできる／だが最後の一歩は／自分ひとりで歩かねばならない
　だからつらいことでも／ひとりでするということにまさる／知恵もなければ／能力もない…。
　3年の2学期にクラスの女生徒に対するかなり強い恋慕の情を述べた文章が続くが，これが初恋だったらしい。うち込もうとしたものの，積極的には働きかけず，「なんだかにえきらんなあ／なんかなんにもしたないなあ／なんかおかしいなあ…」などと空虚感を記している。
　また担任教師の話からヒントを得て，石原慎太郎の『太陽の季節』を購入したが，この本を自分への挑戦状とうけとめ，自分は「頭デッカチのインテリで，慎太郎の主人公のような激しい男らしさがないのかもしれない」とその衝撃を記している。
　11月25日，三島由紀夫が自決した日，彼は早速，その著書『行動学入門』を購入し，「彼はなんのために死なねばならなかったのか。何故に。それを知りたい，気が狂っていただけではすまされん。どうしてもすまされん。Y（ガールフレンドの名）なんかふり向く気もなくなった。もっとこう深いものに入って行きたかった」と感想を記していた。
　高校入学後も相変わらず日記を記し続け，その量はほう大なものであったと推測されるが，自殺の年の8月の夏休み中，高校入学以来2年間余りの日記を別ノートに改めて要約している。その多くは，人生論的・哲学的主題をめぐったものである。1年生のころの文章には，人間・永遠・無限・宇宙・世界・人類と生物など，宇宙論的なことばが多い。2年生になると，知覚・錯覚・感覚・神・生と死・道徳・宗教・信仰などを主

題とした文章が続く。例えば11月25日の文には，

　世の中は馬鹿な人達でうまり／嘘がけん伝され／本当のものがわからない／あああなたが死んだとてあなたのせいではない／この上なく不安な人間に／信じられるものが何ひとつない人間に／ああもう狂ってしまいそうだ／人間もまもなく終焉を迎えよう／虚無がすべてをおおい／虚無がすべてをおおった

また12月1日には

　あるとき僕は人類の代表者となるが／すぐまた平凡な醜悪な一個の人間に戻る

1月6日には

　拓郎の本を読んで，気に入ったのだが，おわりの方で自殺しようと思ってこわくなったというので，もう一つ好きになれなかった…。何か自分のとなりに死をおいて，死を見ないでもなく，見るのでもなく，死をあやつるというのか，そういう人を見ていたら，僕はその人に心から同感しよう。その人と，ほんとうの話ができるだろう…。死を自在にするとはどういうことだろう…。死は自分をいつくしむ者にとって，一大事であろうか。死後をおそれず，死をおそれるとは，一体何事か。今の生の状態はよいというのか。いやそうではあるまい。自殺する人は生の状態にこの上なく絶望して逃げて行くのだとすれば，自殺しない人は，生の状態に完全に満足しないまでも，訳のわからぬものへ逃げるよりはましだと思ってよいだろう…。

　…僕はトイレにでも行くような軽い気持ちで死ぬつもりだ…。

　…ただ，希望して痛みを感ずるのは嫌なのだ。静かに死にたい。痛いのは大嫌いである。…普通の人の死には痛みや苦しみがともなっている。だから人は死の恐怖をもつとともに痛みや苦しみが死のイメージや死後のイメージを人にうえつけ，人は死を嫌う，しかし僕は痛みと死とを分離した。死を恐怖としてのみ考えるのはもう卒業する時期である。…死はある者にとって必要でさえある。

これらによってもわかるように，毎日毎日が死にとりつかれた生活で

あった。もちろんこのノートの所在は知られず，とくに行動も変化はなく周囲はまったく彼の死の準備を知らなかった。

③ 自殺を決意してから

自殺を決意した前後の日記はつぎのようである。

9月21日 5:35〜6:15p.m. 昨日，僕の誕生日であった。僕は今18歳と1日，僕はあと数日生きる。…もう真理は行きづまった。もうこれより発展しない。この心に欲していたもの，それが真理の探究の死である。ずっと以前から…。

死は新しい扉を開く。そこにすべてがあるかもしれない。まったく無かもしれない。また僕は死なないかもしれない。でもやはり死んでみよう。どうなるにしても新しい展開，違った何かを知ることができよう。逃避ではない／絶望でもない／ただ心の趣くところに／従ったまでである…。

ここで，自分の改名を宣言し，そこに新たな住所・電話番号（架空）を記入し，

「これが僕の名前だ。この名前で死ぬ」

9月23日 0:15 a.m. 何故足摺岬を選んだのか。僕は痛み，苦しさ，つまり肉体的苦痛が非常にきらいだ。どうせやるなら一撃でいけるように，この絶壁はちょっとそこらにはないものだという。その高さと岩に期待する。一度で僕の頭を砕いてくれと…。

9月25日 5:40〜5:50 a.m. さあ朝だ。もう延ばせない。逃避絶望の気持ちはやはりなかったとはいえなかった。多分ある。

7:20 a.m. 喜々としてきた，鳥もキキと鳴いている。

8:10 a.m. さあ死の世界へ……

（テレビ・ロケーションの人がやって来たために中止）

人にみられてなんか死ねるか。太陽にみられてなんか死ねるか。…夜だ，月だ，あの淋しさだ，自殺がこうも難しいとは…。

9月26日 0:05 a.m. このノートはこの世に残ってもらう。いまからいつはてることもない酒宴を続けてとびおりる。この孤独，最高だ。

5:10 a.m. 薄明の大ロマン　ああ…。

（人がやって来て再び中止）

10:15〜10:30 a.m. 自殺するとき感情を昂らせる必要があるので前の晩ダニエルのミニチュアびんを1本あけたし，今日もウィスキーを飲んでいこうと思っている。しかし昨日は全然よわなかったんでね。今日で本当に最後になる。お金が今日でなくなるもん。死国（四国）で四日（ヨッ）いきるか。まったく文字どおり。

5:25 p.m. おれやっぱり人間だ。涙がでてきた。お母さんのことを思い出したら…。

6:45〜6:50 p.m. 自然よ，また来たよ。でもおれお母さんがすごく好きなんだ。お母さんがかわいそうだから，自殺をやめようと思ったほど。いまほんとうに迷っている。父も母もいなかったらとっくにやっていた。どうしよう…。

手記はここで終わっている。翌日27日午前5時ごろ投身したものと推定された。

④ **事例の検討**

この事例は，中学時代から大量の読書を通じて自分の内的世界を探し求め，やがて死を深く考え，決行するに至った。

教師からはまじめでよく努力する優れた生徒と評価され，親は手のかからぬよい子とみていた。問題としてとりあげるものはなにもなかった。恋愛問題もあったようだが，これでいたく心に傷を負うというものではなかったらしい。高校入学後も，この読書は続くが，その内容も多彩となり，哲学・文学・人生論から宇宙論にも及んでいた。ことに死や死後の世界には格別関心を寄せていた。この文章の中で，うつ的傾向を思わせる個所がないわけではないが，友人の中で孤立することはなかった。

高1で柔道選手として活躍する。これをうつ状態の克服のための行動化とみることもできるが，日ごろはにこやかで，節度があり，健康な生徒とみられていた。高2になると，死の問題は彼にとって切実な課題となり，ついては死の世界を体験したい（体験自殺）と思いはじめ，その

時を18歳の誕生日と決めていた（記念日自殺）。

　死の直前までの心境を，あたかも自分を主人公とした映画のように文章化している。自分が決めたスケジュールに従って淡々と事が運ばれていく印象である。このおどろくほど几帳面に記された手記の中にIの性格特徴を読みとることができる。完全主義的ともいえる彼の探求欲は，死をも体験せずばやまずという意気込みすら感じられ，それは途中で変更することができないほど強いものとなっていた。この衝動は死に伴う苦痛を超え，ある快感さえ覚えていたのかもしれない。

　Iの生活史をたどると，下田光造（1885〜1978）のいう執着性性格，あるいはテレンバッハ（1914〜1994）のメランコリー親和性性格を思い出させる。このような生徒が強い自殺念慮をもつようなばあい，しばしば相談を受けた者は戸惑い，手こずる。しかし，危機に介入する機会が全くないわけではない。Iのもつこのような几帳面さを逆手にとり，Iのいだいている死の問題に積極的にかかわっていくことはできないものか。話しあいの中で「自殺はしない」という約束をなんとかしてとりつけるのである。このような生徒はたしかに頑固だが，一方，約束は忠実に（律儀に）守る。死を考えるよりは，さしあたっての約束の方を大切にする。面接を継続し，Iの自己表現をいっそう手助けするガイダンスはどうであろうか（上里一郎編『自殺行動の心理と指導　シンポジウム　青年期Ⅰ』ナカニシヤ出版，1980）。

2 アクティング・アウト（行動化）

事例⑨：J　高校2年生女子 ── 思春期的危機とリンクする

① 問題が提起された経緯

　ある高校から，「異常な行動に走り，手のつけようのない高2女生徒Jがいる。担任を派遣するので相談にのってほしい，必要があれば，母親・本人にも出向かせる」という趣旨の依頼があった。担任（中年の女性）

は指導の経過を詳記したメモと，本人に関する性格検査結果等を持参し，第1回の面接が始まった。冒頭からJに対する拒否的感情や嫌悪感が露骨に表明され，担任の指導力をどの程度当てにすることができるのか疑問に感じた。問題をひきおこしているJよりも担任へのガイダンスが中心になると直感した。この担任とは3回面接したが，当初案じていた態度は一応なくなったが，担任はJが自殺を再び企図するかどうかをしきりに尋ねた。

担任の指示で遠隔の地から母親が5回来談した。これで本人の生育史や家族内力動をかなり詳しく聞くことができた。Jの母親は高齢出産ということもあり，Jたちのもつ生活感情を理解することは困難のようであったが，責任感もあり，母性性も豊かと思われた。相談が終結して2年程たってから，この母親から，土地の名産に添えて，Jがすっかり立ち直り元気で働いているという手紙が送られてきた。ちなみにJとは面接していない。母親，担任のほか，中学時代の部顧問教師からも情報の提供をうけた。これらによって，問題とされる行動の概要を記してみよう。

② **問題行動のあらまし**

高校入学当初，Jは，教師から学習に部活に熱心に取り組む明るいよい生徒と評価されていた。それが2年になって変化がみられ，1学期には無断早退が増えた。担任は家庭訪問の機会にこの点にふれたところ，Jは友だちにいじめられること，机の上に落書きをされること，物をかくされること，男友だちについて噂を立てられることなどを述べた。担任は，クラスから浮き上がっているらしいと判断した。11月ごろになると，Jは急に授業中，隣席の生徒にむやみと話しかけたり，落ちつかぬ行動が目立った。静かにしているかと思うと，漫画・ファッション雑誌を眺めていたり，学習には身が入っていないようすであった。時々，人の気を引くような行動がみられることもあった。担任がいくら注意しても改まらず，級友からも「Jはおかしい」という風評が立った。担任は親に学校における問題を指摘した。その後も行動がエスカレートする

ばかりでなく，服装違反・持物違反，遅刻・早退など反則行為が続き，金銭の乱費の傾向もみえてきた。

　担任がこのままではなにか別の問題がおこるのではないかと不安に思っていた矢先，3学期に教室で財布がなくなるという事件が続いた。調査の結果，Jが当事者と特定された。はじめJは頑強に否定したが，不承不承これを認める形となった。調べに当たって担任が手を出したことから，Jと担任の関係がいっそう悪化していった。この調査後，Jはすぐ下校するよう言いわたされた。

　その日の夜，Jは友人宅に電話で，「学校であったことを親にもいえないし，学校にも行けなくなった。学校の事件のことが親に知られると，家にいられなくなる，その旨を担任に話しておいてほしい。これから逢いたい人の所へ行く」と話した。所々に死をほのめかすことばが交じっていたので，友人は驚いてこの旨を担任に伝えた。担任は関係者に連絡のあと，J宅に向かったが，その時Jはすでにいなかった。さがしたところ，Jは別の友人宅に「遊びに来た」といって泊まっていた。親はいやがる本人を家につれかえった。

　その翌日，Jがまた行方不明になった。さがしたところ，Jの中学時代の部活の顧問宅の近くの神社にうずくまっているのが発見された。説得したが逃げられてしまった。方々に手配をしたが，その日の夕方，ある総合病院から学校に電話があり，生徒が左手首を自傷し，収容されたが，早く引き取りに来てほしいとのことであった。病院でJは，前記顧問の姓を名のり，住所もまたそこを告げたという。病院に収容された後も，様子がおかしく，しばしば飛び降りを試みるそぶりをしたという。またカミソリ1ダースと，大量の鎮痛剤をもっていたそうだ。精神科に転科を指示されたが，診察には全く応じず，診断保留のままで，自宅に引き取られることになった。

　自宅に帰ったJはその後，中学時代の部活顧問宅やその勤務先に，1日に数回から十数回電話をかけた。顧問宅や勤務先ではJの電話は取りつがないことにして被害を避けたが，Jはそれを，現担任による妨害で

あると受けとり，このことを非難する電話をしばしば友人や，知り合いになった大学生にまでかけている。ちなみに，この年のはじめ，中学時代の部顧問が結婚することになったという情報が，同じ中学出身者の間で拡がっていた。

③ 母親とあう

初回の面接で母親はオロオロするばかりであったが，母親の心配は，
・娘の「気が狂ったのではないか」という不安
・娘のことが近所に知られ，あらぬ噂が立てられていることへの困惑
・精神科のある病院へ早く入院させたほうがよいのではないか
の３点であった。この点を配慮しながら，はじめは，娘の行動をどう理解したらよいか，また緊急のときどう対処したらよいかを話しあった。この間にＪの家族内のようすや生育史が把握できた。

家族は祖父・祖母・父・母・兄２人・本人の７人家族。農業ということであるが，父・母とも自動車産業の下請工場に勤務している。田畑は祖父母にまかされ，Ｊは誰からもあまりかまってもらっていない。祖父は地域の有力者，口数は少ない。息子（父親）とはあまり話しあいが行われず，重要な決定は祖父が行う。父親は頑固で無口。母親は気むずかしい祖父母（舅・姑）や夫に仕え，忍従の生活。苦労人で，働き者。Ｊに対しては，口ぐせのように，「ワガママ，ゼイタク，ミットモナイ」と叱る。Ｊのヒラヒラ，フワフワした服をきらう。Ｊが高校に入ると抑えがきかなくなるのではという不安をもっていた。信用してまかせるということなどとてもできなかったという。兄２人は古風な家の雰囲気を嫌い，高校卒業とともに働きに出かけ，ほとんど家に帰らない。

面接の過程で，母親が今日の若者文化（ユースカルチュア）（ロックなど）を受けとめかねていること，日ごろ娘とのやりとりに困りはてていること，嫁・姑の関係に今なお悩んでいること，夫が娘のしつけに非協力的であることなどの問題点が明らかにされた。さしあたって，娘の問題を機会に多年積み残してきた家族の課題に立ち向かうことについてはどうか，ついで家の中でＪの居場所を作る工夫をすることを提案した。

④ 中学部活の顧問とあう

　Jの問題について伝え聞いていた中学の部活顧問は深く悩んでいた。この青年教師はすぐれたバスケット部顧問として評価されており，生徒の間では，「厳しいが頼れる先生」として信頼が高いということである。Jが中学2年のとき，いじめられている友だちを助けようとして担任に申し出たところ，担任から軽くあしらわれ，かえってワルににらまれ，ひどいいじめにあった。そのことをこの部顧問に話したところ，よく聞いてもらったことから，次第に親しみ以上のものを感じるようになった。時々，仲間と日曜日に顧問宅を訪れたことがある。Jが高校に入ってから，顧問宅にしばしば，愛を告白したものと読める手紙が送られた。また花やチョコレートなどが送りつけられ，顧問はこれらへの対処に苦心した。時々呼んでは「注意」したが変わらなかった。やがて高校生には不似合いな高価な贈り物がデパートからとどけられたため，いっそう窮地に立った。やむなくその都度，倍額相当を返礼として送った（成田善弘『贈り物の心理学』名古屋大学出版会，2003）。この贈り物行動（present behavior）について，同僚の1人にだけは相談したが，よい解決策はみつからなかった。そのうちしばしば深夜電話がかかるようになり，家人がまだ帰っていないと答えると，次は無言電話になり，家族一同がこの電話に悩まされた。勤務先にも再三電話が入るので，ここでも話題となって困っている…。と，この顧問が経緯を話した。自分も来春，結婚を予定しており，早くJの問題を解決したいので助言をたのむということであった。この間にもJは，アルバイトで知りあった大学の男性とも交際をくりかえしている。

⑤ どう理解したらよいか

　Jの行動は，たしかに「逸脱」といってよいが，その背景にあるものは，教師や親が心配するような異常・病的（精神疾患という意味で）なそれではない。Jが，孤独や淋しさ，それに見捨てられ体験から，自身も深く傷つき，解決の道をさまざま模索する過程で，周囲が困惑するような事態をひきおこしたものと思われる。幸い学習の継続が保証され，高校

を卒業することができた。卒業後，2～3回の転職があり，不安定な時期もあったが，20歳を迎えるころから安定化の方向に向かった。あれほど家を嫌がっていたJが，自宅から通勤できる職場を選び，貯金もするようになった。母親自身，「よい娘になった，なぜあの時あのように荒れたのだろうか」と回想している。卒業後，卒業認定に当たって苦労した校長に暑中見舞を出すなど，人間関係にひろがりと柔軟さがみられた。これらのことを総合してみると，Jの問題とされる行動は思春期的危機とリンクした一過性の逸脱行動ととらえてよいと思われ，自殺企図はひとつのエピソードと位置づけることができる。思春期の問題でやや重いとみられる事例では，問題発生後少なくとも5年のスパンで観察する必要があるというのが筆者の年来の主張である。

　Jには発達のおくれや，パーソナリティについてとくに指摘できるような問題点はみられないと思う。ただ幾分，気分の変動の波があり，情緒的には未熟で，自己愛的な傾向がなくもない。危機的場面に直面すると，退行的な防衛機制がはたらく。これらの点に関しては，Jの育った環境が隣家からかなり離れた山の中の一軒家で，幼少時代から友だちと遊ぶという体験が少なく，また家族的状況からmotheringが十分とはいいがたい点が考えられるなど，生育史に多少の問題があると思われる。もちろんこの点を親に向かって端的に指摘してよいというものではない。

　Jの対人関係に着目すると，Jの家族はシーンと静まりかえったような雰囲気で，家族相互にことばによる交流は十分でなかった。Jは小学校に入ると，まず友だちづきあいに困った。中学に入っても，友だちづくりが不器用で，しばしばいじめにあったり，仲間はずれにされた。このような友人関係から抜け出ようと，彼女なりに努力を重ねるが，それが裏目に出て，いっそう孤立する破目になった。Jは高校生活に期待を寄せたが，状況はあまりかわらなかった。再三にわたる盗みはJのこの複雑な心境を反映したものではないか。校内でのトラブルでさらに孤立化したJは，たまたまアルバイト先で知りあった大学生（男子）に誘われてしばしばドライブに出かけ，ここで性的体験をもつにまで至ってい

る。このようなストレス状況にあっても，Jの場合は身体化することも精神症状化することもなくすべて行動化（Acting‐out）した。このようなピンチのとき，かつて優しかった人としての中学の部顧問が想い出され，自分を受けとめてくれる男性とイメージされた。常識の範囲を超えた贈り物行動は窮地に陥ったJの訴えであった。そしてJが最も心配していた顧問の結婚の情報を耳にした。Jの連続したヒステリックな行動はこれらの状況から十分に理解することができる。

　そこで，中学の顧問にはつぎのように助言した。
・時々「呼んで注意したこと」が結果において本人の気を持たせることになったのではないか。
・「結婚すれば家に火をつける，殺す，死ぬ…」などのヒステリックなことばは軽く受けながし，これにとりあわない。
・Jの電話には出ない。Jの長電話にまき込まれたこと —— 今まできちんと断っていなかったこと —— が悪循環を助長させたのではないか。
・学校や家庭におけるアクティング・アウトの背景にはJの恋愛問題があることは確かだが，これは時に解決をまかせるほかはない。
・Jの指導は高校教師にまかせるほかはないが，現在の担任との関係ではあまり好転が期待できない。
・適切な援助者によって，自分に気づいていくような状況をつくっていく必要がある。さしあたって，問題行動・校則違反を理由とした休学・転学の勧告などはこの場合，全く不適切な指導と思われる。

3　シンナーと自殺

事例⑩：K・L・M・N　中学3年生女子 —— 手をつなぎ「セーノ」と
　　　　川に飛び込み

① 事例の概要

　K，L，M，Nの4名は，学校から帰宅の途中，近くの川原に円座を

作り，有機溶剤（トルエン）を吸って（Nを除く），ひどく酔った。誰からともなく「気持ちがいい，死んじゃおう」と言い出し，Nが制止するのを振り切り，K，L，Mの3名が手をつなぎ，「セーノ」のかけ声を発しながら，夜来の雨に増水した川に倒れるように飛び込んだ。Mは死にきれずにはいあがり，茫然としているところを，Nの急報によってかけつけた人に保護された。K，Lの死体は数日後に発見された。この間，この事例に関する報道は莫大な量にのぼり，関係者に大きな衝撃を与えた。

② **背景と経過**

K，L，M，Nは，他の2人とともに，学校内では校則違反が目立つグループとみなされていた。町の少年たちとも交流があり，そこでシンナー遊びを覚えた。彼女たちは校舎の裏で乱用していた。これを教師に見つかり，厳しく叱られると，彼女たちはそろって家出し，そこで性的体験をもった。やがて発見されて学校に帰ったが，学校はこのグループの解体をはかった。保護者と連絡をとり，登下校の時刻を厳格にチェックするなどした。一時は彼女たちの生活態度もかわり，安定してきたかにみえた。

4名は修学旅行には参加したが，その後で，家出の件で警察から事情を聞かれるということがあった。そのころから，再び生活が不安定になった。彼女たちは下校の途中，村の神社の境内で落ちあい，互いの学校生活や家庭での不満を話しあった。そこでもシンナー遊びがはじまった。たまたま決行日の午前，日ごろの態度について教師から厳しくたしなめられたこともあり，下校の途中に川原に集まり，前述の結果となった。

③ **家族など**

Kの家族は父・母・姉と本人の4人家族。姉には問題行動（喫煙・家出・外泊・シンナー遊び・不良交遊）があった。Kが喫煙を父親に見つかった時，タバコの火でおキュウをすえられたという。親はKに対する学校の指導にたいしてはいつも批判的であったらしい。

Lの家族は父・母・兄と本人の4人家族。転居・転校してきた。転校

前の学校でも問題グループの一員であった。父親は何事についてもLにつらくあたり，Lはこの父親に強い反感をいだいていた。事件後，両親は離婚した。

Mの家族は父・母・弟と本人の4人家族。母親は感情的になりやすく，周囲に攻撃的であったというが，Mにはとても甘い。父親は娘のしつけや教育については関心がうすい。母親はMの問題行動について父親に伝えていない。母親はMの生活態度や行動に不安を感じて，「娘の行動で腑に落ちないことが多い。シンナーを家でもやっている。なにかおこりそうで心配だ。娘にたいする学校の指導が厳しすぎ，娘が学校に行きたくないと言っているので困っている。娘の言うことにはウソも多いが，言い分には同感できることもある」と知人に相談をもちかけたことがある。

④ どこが問題か

筆者はシンナーを乱用する（シンナー遊び）少年からその体験を聞いたことがある。少年によると，シンナーを吸うと，

「はじめはいやな気分で，ムカムカするが，しばらくすると，自分をとりまく世界が急に生き生きと感じられ，物があるときにはとてつもなく大きく見え，また急に小さく見える。それが迫ったり退いたりして，じっとはしておれない気分になる。音楽はいつもとちがっていきいきした響きや叫びにかわる。今まで灰色で沈んだような周りの色彩がにわかにキラキラ輝く。さらに見たいと思っていた夢を自由に見ることができ，しかもそれを現実に体験できる。いままでのみじめったらしかった自分のキャラも，いっぺんに変わって，朗らかな人間になることができる」という。またある生徒は「吸った時はもうろうとしていて，ちょうど柔道で落とされた時のようなうっとりとした感じ（恍惚感）になる」という。別のある生徒は，その快感を，「母親にしもやけをかいてもらう時のようだ」と表現した。いずれも視覚・聴覚をはじめ他の感覚がいちじるしく歪むことを示している。

シンナーを吸うと活力感や自我感情が昂揚（大きな気分になり，なん

でもできると思う）し，被暗示性が高まり，いっそう付和雷同的になる。自己抑制力は著しく弱くなるので，粗暴な行為に及ぶ。さらに注目すべきことは，吸ったあと，しばらく時間がたつと，「今が幸せ（多幸感），このまま死んでしまいたい」という観念が生ずることである。生と死との境界があいまいになり，死ぬという実感もなくなるということになる。もしこれを集団で吸えば，そのグループは自殺の一歩手前の集団となる。

　青少年のシンナー乱用は下火になったとはいえ，なくなってはいない。乱用が集団的に行われれば，集団的な自殺がおこりうる。現にマンション屋上から中学生5人が飛び降りた例（1992）があったが，シンナーを乱用していたことが確かめられている。事例⑩は非行グループの脱線行動とするだけでは不十分である。

4　女子グループの同調的自殺

事例⑪：O・P・Q　高校3年生女子 ── 死を演出する

① 事例の概要

　Oが突然，動機もあまりはっきりしない自殺をとげた。その後1週間たって，同じグループのPとQの2人が，相ついで山林で縊首した。新聞では，少女の感傷による後追い自殺と伝えられた。つまり3人の自殺が続いておこったのであるが，Oについては報道されていない。調べてみると，O・P・Qの間にはつながりがあり，同調的自殺の例と考えられる。

② 背景

　O ── 父（農協職員），母（保育園保育士）と本人の3人家族。成績は中。短大に進学を希望していた。演劇部の中心メンバーとして活動，小学校時代から詩をつくることが好きで，文学少女という評判があった。国語と美術に優れていた。家庭では中学3年のころから進路をめぐって母親と対立していたが，表面では平静を装っていた。

P ── 父（JR勤務）は無口できびしい人，とっつきにくい人とPはいう。母（農業）・兄（会社員）・本人の4人家族。専門学校進学を希望。家族間にとくに緊張はない。演劇部に所属し，死を主題としたいくつかの脚本を書く。それをみると，死そのものが日常化している感じで，宇宙人や霊魂の実在を信じていたらしい。無類の映画好きで，町の映画館に入りびたり。

　Q ── 父とは別居，母・兄と本人の3人の暮らし。次兄，姉は他県に住む。家族の中で存在感はうすい。美術部に所属。人なつっこく無邪気，にこにこしていて協調的，教師の目からは見逃されがちな平凡な生徒。このグループ内ではフォロワー。

　③ 死への経過

　Oは，×日午後5時30分ごろ，自宅の勉強室で縊首した。自殺の前々日にはバレーボールのクラスマッチに選手として出場，前日は登校した。その日，机の上に牛乳ビンを洗って花を活け，身のまわりの小物類を友だちに分けた。帰宅後は，アルバムの写真を裏庭で焼き，自室にあった自作の油絵の額のうしろに日記をおさめた。はじめ自殺の動機がよくわからないとされていたが，調べたところ，つぎのようなことが判明した。

　Oは高1の時のアンケート調査で「ほんとうに自殺しようと思う時がある」の項目に○印をつけている。高2の時に自殺企図があり仲間のP・Qだけにはそれを伝えていた（家族はそれを知っていたが他には秘した）。高2の秋すぎにP・Qとグループをつくり，日ごろ親しかった教師と日記の交換をはじめた。O・P・Qの3名はこの教師からの手紙を共有物として大切に扱った。この日記にすでに自殺志向が色濃くにじみ出ている。

　高3になると，演劇部の依頼で脚本を書く。その内容は，精神科病院が舞台で，友の才をねたんだ女がその友だちを刺してから，自らが死に至るまでの心のゆらぎをドラマ化したものである。ここには精神障害者と死神を兼ねる病院長などとの間で暗くて救いのないような対話がかわされる。状況劇的な手法による創作劇で黒々とした世界が語られている。

Oの日常の行動は一風変わっているという程度。1年次の担任は明朗活発・協調性もあるが時に調子に乗ると話し，2年次の担任は，エネルギッシュ，ユーモアもあり，クラスのアイドル的な存在と記している。

　なおOは高2の夏ごろからグループ"M"のメンバーであった。この"M"は12名からなり，家庭科の授業をボイコットしたり，授業後，文学や美術・演劇の話をする集まりであった。グループのシンボルマーク（キャラクター）を決め，それを各自の持ち物に貼り付けるなどの同調的な行動が目だち一部の教師の注目をひいた。Oはこのグループのリーダー的な存在で，P・Qとともに，グループ"M"のサブグループを作っていた。そのつながりは強く，家族にはもちろん，周りの者には言えない秘密を共有していた。

④ P・Qの決意から決行

　Oの葬儀には同級生など多数が参列し，その会場は嗚咽と号泣で一種異様な雰囲気となり，教師の手では抑えきれない状況となった。教師側はOと関係のあった数名の生徒の個別指導にあたった。気持ちを整理させ，家庭に連絡した。Pははじめ悲しみを抑えていたがやがて泣きだし，ひどく不安定になった。P・QはOの自殺後もともに登校し，ほぼ普通に授業をうけていた。

　Pはペンフレンドに「死にます…」と書いた手紙を投函しているし，ほぼこのころ，「Oちゃん，明日行くからまっててね…。Qといくからね…」とメモに記している。

　×日はOが創作した演劇の上演予定日であったが，脚本の作者が自殺したことと，生徒の間に動揺がみられたことから，心配した学校はその上演を中止することにした。その前日，Qは友人から借用したものを返し，自身が愛用していた品を友人に渡した。PとQが学校の焼却炉でなにかを焼いているのを見た生徒があった。昼食時には，家から持参した果物を友だちに分けた。また宿題であった被服の作品を提出し，誰に向かって言うのでもなく「バイバイ…」と手を振って教室をでた。その後は行方不明となった。

夜になっても帰宅しないので、家族は学校に問い合わせた。徹夜で捜索したが、翌日2人が山中でそれぞれ近くの木で縊首しているのが発見された。2人の合作と思われるウチワに書かれた遺書が、その木の下に残されていた。

⑤ **要約と問題**

学校や家庭生活に不満をもっていた生徒が学校の指導方針に批判的なグループを作り、これが次第に風変わりな雰囲気をもつ集団になっていった。この中心メンバーであったO、その下にあったPはともに近くの大学の演劇部の活動の刺激をうけて、前衛的な演劇（不条理劇）に強い関心をいだいた。この間に、死のもつ不条理をテーマにしたいくつかのシナリオを創作したり演出するうちに、次第に死の世界について特別な感覚をもつようになった。のめり込んでいって、演劇の世界と現実との境界があやしくなっていったのであろうか。学校はこの活動について指導はしていたが、不条理劇のなんたるかは理解されていなかった。都会から離れた地域に、時代の先端をゆく考え方（演劇思潮）が押し寄せつつあるとは考えてもみなかった。電波がとどくところは、すべてこれ都会である、例外の地域や集団はないことを実感させた。

グループ"M"の中でとくに結束の強いO・P・Qは、一部に教師との交流をもってはいたが次第に閉鎖的になり、互いにそれぞれのもつ内的な問題を話しあうようになった。たまたまOの自殺を機に不安定で見通しを失った状況におちいり、Oが創作したシナリオに従ってPがさきに決行を決意し、Qがこれに同調して相次いで連続して果てたものと思われる。OとP・Qの自殺ははじめ2つの事件とみられていたが、これは明らかに同調的自殺の例とみられる。

①閉鎖的な傾向が強い女子グループ（思春期の特性）の内部の動きを知ることは、ことのほかむずかしい。積極的に介入するよりは、見守る方が有効であることを経験する。外から働きかけようとしても、当たりさわりのない返事でかわされる。この事例のように死や自殺という問題で秘密を共有しているような場合、彼女らの日常の行動は至極常

識的であり変わった風にはみえない。Oの自殺が，P・Qの連鎖自殺をひきおこすほどのものとは想像していなかった。

② Oの自殺，その葬儀後の生徒の動きから，教師の間に後追い自殺の心配をする者が全くいないわけではなかった。あの雰囲気の中で，全体をどう指導するかが話題となったが，具体的にどうするかまでは詰められなかった。2人が死に傾いている生徒であるとしぼり込むことはできなかった。

③ 自殺の事例があると，生徒への指導として（全校集会），生命の尊さを説き，悩みがある時には相談するよう勧めるのがふつうである。この事例でもそうであった。もちろん，これは誤ってはいない。しかし，死について真剣に考えたり，自殺念慮を強くもっている生徒にはとどいてはいなかった。「いのちあっての物種（ものだね）」式の安直な説得は，切実に死と向かいあっている生徒には空しく，腹立たしいことであろう。

④ 調査してみると，教師が予想する以外の所に問題があることがわかってきた。学校が閑静な農村にあり，通学範囲も農山村部が大半であることから，生徒は都会的な汚染からは遠い，純朴な者たちだと考えていた。しかし，彼女たちの日常は，時代の先端をゆくとみられる都会の若者たちのそれとは別のものではなかった。彼女たちは今日的な若者文化（ユースカルチュア）にどっぷり浸かっていたのである。

⑤ いわゆる状況劇（不条理劇・前衛的演劇）は静かに若者の心を捉えている。かつて「高校演劇」といわれていたものとは大きくちがったものになりつつあり，すでに各地の高校でそれが上演され，評価され受け入れられている。高校演劇活動に対し課題を提供した事例といえる。

コラム 高校紛争と自殺

　1968～70年は近代日本の青年史上特記すべき年であった。原潜入港阻止・国際反戦デー・東大安田講堂の学生対機動部隊の攻防・ハイジャック事件，それに浅間山荘事件など，政治に若者の目を向けさせる事件が相ついだ。高校生もこれに反応し，各地に高校紛争と呼ばれる事件がおこった。

　彼らは日ごろの鬱屈した学生生活からの脱却をめざした活動をはじめた。生徒心得の見直し，制服の自由化，卒業式の改革など身近な問題に始まり，言論・集会・表現の自由などラディカルな政治的主張まで拡がり盛り上がった。

　この動きは当時の大学紛争に強く影響されたもので，お隣の大学生が，高校生のオルグ（組織化）に来る例もあった。学校では，今では廃語の「角材」「火炎ビン」「バリケード」「団交」などのことばが飛び交った。この騒乱は学校にとってもはじめての経験で，対策に苦慮した。筆者もその渦中にあり，一方の当事者（教師側）の一人であった。ある団交（生徒と教師がそれぞれ集団で直接話しあう）の場で，「オマエは体制側に立つ犯罪者だ。革命がおこったらオマエを奴隷にする」と叫んだ者がいた。笑止とは思ったが，その場でこの学校に留まる意志はないと応えて，その学校を去った。今ではとても想像もできない修羅場であった。この混乱は大学紛争の終息とともに鎮静化した。

　この混乱期に，活動に参加した（身を投じた，巻き込まれた）者の中で，自ら命を絶った事例が報道された（1969年10月，1970年1月，9月，1971年1月）。未遂者は既遂者の10倍と考えると，この混乱を機に未遂した者は数十人をくだらないと考えられる。いかに「時代」が若者の心に色濃く影を落としているかがわかる（小林哲夫『高校紛争1969～1970』中公新書，2012）。

高校在学中，相談に訪れ，その純で一途な人がらが印象に残る女生徒がいた。彼女は天涯孤独，薄幸の育ちであった。高校卒業後は数年間学資を貯めるために働き，念願の大学（哲学専攻）に合格した。大学紛争のさなかであった。

　彼女は入学後すぐから学生運動に没入した。時折，その活動の一端を報告してくれたが，変身ぶりには一驚した。それがある時から途絶えてしまった。その後は杳（よう）として消息を絶ち今日に至っている。当時の彼女の状況とその人がらから自殺したのではないかと思う。痛恨のかぎりである。

　この時期の若者（高校生・大学生）の自殺例は「社会的混乱に触発された若者の危機の問題」として検討する必要があると思う。

Ⅳ章

自殺への道のり

1 自殺の神話

　子どもの自殺を考えようとするとき，まず取り除く必要があるのは，自殺についての誤解（自殺神話）である。広く言われていることから，個々人がそうだと思い込んでいることがある。そのいくつかをあげて，まずこの吟味からはじめる。

　① 「死ぬ，死ぬ…」という人に限って死ぬことはない

　人はつらい思いをしたときに，「死んでしまいたい」と口にすることはよくある。たしかにそれを口にした人がみんな自殺しているわけではない。しかしこれを口にした人がみんなウソを言っているわけではない。たとえ人が死のうと思ったとしても，多くは自分の力で，また周囲の援助でそれを克服していく。

　日ごろ死を口にする人は少なくない。その中で注意すべきは自殺の危険因子（p.108～109）を多くもっている人の場合で，これには慎重な対応が求められる。脅しで言っているとか，注目を引きたいためだとか，困ったときいつもこの手を使うなどと軽くあしらうわけにはいかない事例が実際にある。慎重にかかわったが，結果がそうでなかったときは，それを無駄だったとか，だまされたと考える必要はなく，事なきを得たことを喜ぶべきだ。ことにうつ状態と思われる人がさりげなく死を口にしたようなときは，もっとも慎重な対応が求められる。

　② 自殺について話し合うと危険が増す

　自殺について話しあったり，これに関する調査をしたことが自殺の直接の引き金になったという証拠はない。この誤解はむしろかかわった人たちの不安か責任回避をあらわしたものである。学級・ホームルームで自殺を取りあげる（報道された遺書を教材にする，新聞の自殺記事を話題にする）ときは教師が自殺問題について基本的な知識と見識をもち，かつ，よく心の準備をしたうえで授業に臨みたいと思う。自殺について

話しあうことは本来，自殺予防のうえでも奨励されるべきことだ。ただこのときも子どもの自主性や自発性をいうあまり，話しあいを子どもだけに任せ，教師の指導の姿勢が曖昧であることは問題で，放置しておくと議論の多くは自殺肯定論 ── その方が「大人の考えだ」，「スジが通っている」と思う ── に走る傾向があることには留意すべきである。

③ 自殺未遂をした人は二度とはしない

自殺未遂者は自殺者の10倍以上あるとされている。ほとんどが助かったことに感謝するが，中には自殺に固執する人がいる。自殺者の75％は自殺未遂の経験があるとの報告があることには注目すべきだ（p.112〜）。

④ 致死性の低い手段をもちいた人は本当に自殺する気持ちがないのだ

自殺の決意の強さは自殺手段と関係があるとされている。手首を切る，薬を大量に飲む，醬油を飲むなどの行為はたしかに客観的には致死性が低いが，それは死ぬ気がなかったということではない。生と死との間を揺れる本人の苦しみを表現する行為と考える。手段の選択がどうであれ，死を覚悟し決行しようとしたという点に注目した対応が望まれる。またその人を危険な人物とみるのではなく，援助を必要とする人と考えるのが正しい（p.113）。

⑤ 動機のない自殺がある

小学生の自殺のなかには謎のような事例も確かにある。思春期の事例のなかにも同様にあることは事実だ。未遂に終わった事例で本人と話しあってみても，本人自身，自分でもどうしてやったのか，その動機をつかみかねるという例もある。しかし動機が「ない」といわれる事例も，あとから調査すると，動機があまりにも単純（叱られて，疑いがかかって，なにかに失敗して…）であるために，それでは年齢相応の理由と考えにくい，それは動機とは言えないと周囲が考えて「動機がない」と表現することがある。また長い間，死ぬことを覚悟し，その準備を周到に進めていて，決行の前にはとくに目だった行動の変化が見られなかったような事例では，周囲の目にはそれがあまりにも突然なことであるので，

「動機を理解しかねている」という場合，「動機がない」と言われたりする（覚悟の自殺）。いずれも「動機が不明」というべきであろう。

⑥ 文学や芸術にのめりこむと自殺の可能性が高くなる

自分のかかえている問題を解決しようとして，その手がかりを文学や哲学または芸術に求めることは健全なことである。若者の読書離れが言われるとき，むしろ奨励されるべきことといえる。ただ，自殺した作家（芥川龍之介・太宰治・三島由紀夫・川端康成など）や尾崎豊に関する作品ばかりを読みあさるとか，自殺者の手記を集めているなどということがわかったときは，その主題について進んで話しあうべきである（p.42,54）。本人の関心の所在が把握でき，それを素材に少しでもよい人間関係ができれば，適切な対応ができると思われる。家族などからこのような相談があったときも同様だ。

ただ時折，自殺を肯定的に記述し，その手段を興味本位に解説するような読み物が出回ることがある。内容をよく検討して適切な批判を加えることが必要である（p.204,210）。

2 死のうと思う ── 自殺念慮

前章で示したいくつかの事例は，
- 子どもの自殺が大人と同様，それがいかに多様なものであるか
- 自殺がある日突然おこるものではなく（そのような事例が全くないわけではないが），曲折のある長い経過があること
- その過程をいくつかの期に区切って考えることができること

を示した。かつてオーストリアの学者グルーレは，自殺の予防を考える人はお人好しだ，それは「あだな望み」であると言った。しかし，それは20世紀はじめの自殺研究の段階での発言で，問題がとてもむずかしいことを言ったものである。決して自殺予防活動に水をさしたものではない。ここでは自殺研究の現段階に立って，今日確かめられている自殺

に至る過程をいくつかに区切って説明し，わかりやすく図式化してみた（p.108〜109）。それぞれのここで示した段階が，事例によっては交錯したり，前後が入れ替わることがある。くれぐれも，事例をこの図式に「機械的に」あてはめて話しあうことは避けたい。

「あなたは死にたいと思ったことがありますか」のアンケートに中学生の20％，高校生の40％，大学生の60％が「ある」と答えているという。ことに「生きる意味」を考える思春期になれば，「死にたいと思う」ことがあっても異常でも不思議でもない。アメリカの著名な心理学者ウィリアム・ジェームズは神経症に悩んだが，彼は「自殺を考えたことのない人は教養のない人だ」と言っている。自己克服や人間成長の契機として死の問題を取りあげることは，不要どころか，とても大切なことだ。ただ「死にたいと思う」ことの意味するものは，とても幅広く，多くの問題がその中に含まれるので，それを聞いて驚いたりせず，まず先入観をもつことなく臨むことだ。

死を考えることは，ほかの問題とちがって，人間の中でも最も密やかな内面の世界のことで，子どもの誰かがそれを取りあげたとしても，周囲が気づくことはまずない。この問題を考えている子どもは時に憂うつそうにしていたり，あまりものを言わなかったりする。また反対に，他の問題行動とリンクして（p.76）いて，それが死の願望を表現する場合もあるが，注意していてもそれと気づかないで過ぎてしまう。

自殺念慮は多くは「ことば」で表明される。ただそれが，死にたい，自殺するなど直接に表現されることは稀で，周囲には「婉曲」にほのめかす（p.70）。消えたい，学校をやめたい，家に帰りたくない，家出したい，人に迷惑をかけたくない，私はみんなに嫌われているなど，「それとなく」死にたい気持ちを他に伝える。それとなくというのがそのポイントである。日記に書いたり（p.42，70），メールで伝えることもある。ごく稀に，電話相談に電話する（p.100）（この対応については，拙著『電話相談 ── 現代のアジール』p.166〜171に詳述）。

また，体重が減った，不眠が続く，食欲不振だ，しんどいなど保健室

に訴えることも少なくない（p.126）。心身の不調を訴えて医者のはしご（doctor shopping）がみられることがある。詳しく聴くと死への思いがかくされている例がでてくる。

　行動の上でよく見かけるのは，説明できない遅刻・欠席・早退がある，死をテーマにした文学作品を耽読する（p.42,53），『完全自殺マニュアル』（鶴見済）を買う，法医学や犯罪に関する本を借りるなど。ただ，生活の面ではさしたる変化も見られないので，この段階で自殺念慮があることを察知するのは極めてむずかしい。この死を思いつつあれこれ迷う期間は，小学生ではごく短く，中・高校生になるほど長期になる。いずれも死を思う動機に図3（p.108～109）に示したようなことが考えられる。この行きつもどりつの過程は，事例を理解する大切なカギともなる。この状況を簡便な心理テストやアンケートで検出することができればと考えるが，現在完成されたものはない。

　大人ではこれが生涯続くという例がある。生涯が死を想う生活となっている。明恵上人（1173～1232）── 河合隼雄『明恵　夢を生きる』（講談社，1987），乃木希典（1849～1912）── ライシュ・リフトン『日本人の死生観　上・下』（岩波新書）はその例である。

　　　死にたくてならぬ時あり　はばかりに　人目を避けて怖き顔する
　　　いくたびか死なむとして　死なざりし　わが来しかたのをかしく悲し
　　　死ね死ねと己(おのれ)を怒り　もだしたる　心の底の暗きむなしさ
　　　　　　　　　　　　　　　　　　　　　　　　　　　（石川啄木）

3 死をほのめかす

① うわさ，それとも伝聞

　「自殺を口にしている子どもがいる」という情報（うわさ）が耳に入ることがある。それを知ったとき，大切なことは，
・その情報がどんな経路から教師に伝えられたのか

・その情報は子ども仲間のうわさか、それとも伝聞によるものか、うわさをされている子どもとごく近い関係にあるか、遠い（離れている）関係の子どもからのものか
・それを、どこで、いつごろ知ったのか
などをまず確かめることである。

　さしあたっては、その「情報をもたらした子ども」自身の心理的な状況（不安・動転・困惑・冷静）を把握することが優先する。ついで、
・その情報はその子どもがたまたま耳にしたものか、本人から内密に言われたものか、それを他には秘密にするように言われたものか
・その情報はその子ども以外にも伝わっているのか
・うわさの本人の家族はそのことに関して知っているのかどうか、またそれをどう受けとめているか
などは確かめたいことである。

② プライバシー

　もちろん、本人を呼んでこれらを聞きただせばよいが、それができないことに問題への接近のむずかしさがある。本人が内密にしたいことが、どうして教師に知られてしまったのかと思えば、これほど腹立たしく不安になることはない。

　これはどうしても明かすことができないことで、やむなくこちらが把握している周辺の事実から本人を推測するほかない。もしその間に、本人が自分の秘密を知られてしまったと気づいたら、そのような接近は失敗といえる。本人がいっそう頑（かたくな）になって、話をしなくなってしまう。

③ 死にたいといわれたら

　子どもから「死にたい」と訴えられることがある。この中には、「死にたくなった」「いっそ死んでしまいたい」などいろいろな表現があるが、そのことばの背後には多くの思いがこめられ、それを掬いあげることが求められる。

　落ちついてまずその言い分（説明）に耳を傾ける。話の途中で沈黙が続くことがあるが、その沈黙も意味あることと考え、あまり口を挿まな

Ⅳ章　自殺への道のり

い。思春期になれば誰しも自分の世界の中に他人が入ってくるのを拒むのは当然で，それは不安にたいする自己防衛であり，主体性の主張ともみることができる。せっかちな質問や一方的な説明は不向きである。

　さしあたっては，本人が何を訴えたいか，それがどんなことを意味しているかを理解する。深く死を決意して言われたものか，当面の困っている問題について助けてもらいたくて言っているものなのか，あるいは自分で解決しなければならない問題から逃げるために，そう表現しているのか。時間をかけてよく聴けばおよそ見当はつこう。

　ただ時折，死を問題にしながら，真剣さがみられない事例があり，大丈夫だと判断することがある。本当に死にたい気持ちがあるのにそれを隠す。一見なにげないそぶり，そ知らぬ顔，時になげやりなことばで自分の不安を隠す例がある。そういうばあいこそいっそう注意して耳を傾ける必要がある。

　④「死」を取りあげる

　死を口にする思春期の子どもと話しあうときは，すべて真剣に自分の気持ちを述べていると受けとり，慎重に対処する。話しあいの中で，本人が真に直面していることはなにかを掴む。このような話しあいはとてもつらいものである。

　子どもが問題にしようとしている死の問題を避けようとすると，子どもは自分が理解されていないと受けとる。悩みから死を考えるに至った経過を話しあうなかで，本人が自分の死にたいという気持ちが，次第に，甘えや，自罰や，逃避からくるものであることに気づく —— 自己理解が深まる —— と，はじめ持っていた死にたいと思う感情がだんだん薄らいでいく。さらに話題が将来の生き方に及ぶようになれば，話しあいは一段落といえよう。

　⑤ ひとりの人間として

　気をつけたいことは，子どもの訴えに驚いてしまって，面接の姿勢が不安定になることである。この時，とても自分の手に負えない，この問題に堪能な同僚に代わってもらおうか，スクールカウンセラーに渡した

方が良心的だなどと考える。これは「面接の中の誘惑」といわれるものだ。

　子どもがほかならぬその教師を選んで相談をもちかけたということは，限りなく重いことである。もし信頼して相談したのに，それが他の人に紹介されたら，本人はどう思うだろう。ここでもまた「見捨てられた」と感じるかもしれない。このような真に危機的な場面では，校務分掌などという学校ことばなど出る幕ではない。

　自殺予防の実践家であるリットマンは，多年の活動から，「状況が危機的であればあるほど，専門家などお呼びではない」（リットマンの法則）と言っている。つまりその場にたった人 ── たとえそれが素人（非専門家）であっても ──，その人が最後までつきあうというのが最善の援助だという意味だ。専門家ということばに弱い職場では，「困った時には専門家」と言うが，この常識的判断は危機的場面では通用しない。

　苦しければ死なんと思いたちまちにここちよければ癒えんと思う
　　　　　　　　　　　　　　　　　　　　　　　　（三ケ島葭子）
　死にたしと言いたりし手が葱刻む
　　　　　　　　　　　　　　　　　　　　　　　　（加藤楸邨）

4　死に揺れる ── 自殺を決意する

　自殺念慮が強くなると，やがて自殺を決意する段階に至る。マスメディアの自殺に関する報道に関心を示したり，日記やメモにその日時を記すことがあり（p.70），時にその紙片を家の人が目につく机の上に置いたりする（p.179）。これらはいずれも生と死との間を揺れ動く姿といえる。

　「明日なにかがおこる」と友人に冗談めかして言ったり，友だちに珍しく「サヨウナラ」と手を振って帰ったあと自殺した例があった。これらが自殺を決意したことばとは誰も思わない。仮にこの時期に周りから働きかけたとしても，知らぬふりをされるか，拒否されてしまう。この内面の過程はごく密やかなものであって，外からは容易にはうかがうこ

コラム 電話相談

起源

　自殺予防活動のひとつとして、電話相談の活用を思いついたのは、イギリス聖公会司祭のチャド・ヴァラ（Chad Varah, 1911～2007）である。彼は若くして青少年の性の悩みのよき相談者をもって任じていたが、ある日14歳の少女が月経を梅毒と取り違えて自殺したという新聞記事を見ていたく衝撃をうけた。そこで彼は専門家ではない市民（素人）ボランティアの電話による自殺予防運動、サマリタンズ（The Samaritans）を立ちあげた（1953）。

　この流れをくんでドイツ人、ルツ・ヘットカンプ（Ruth Hetcamp）らが東京に「いのちの電話」を設立した（1971）。現在、全国組織である日本いのちの電話連盟傘下に50センター、約7,000人のボランティアがこれに参加している。

展開

　電話相談はわが国でも急速に普及した。設置者は公（行政）・私の2つに分かれる。公的機関の電話相談は、子どもを対象としたものに限っても育児・教育・虐待・非行・いじめなど窓口が多く、専門化（問題限定型）している。その受け手（相談員）の多くは専門職員（常勤・嘱託）である。そのカバーする領域の幅は広く、地域に密接し、情報は豊かで、他機関と連携しやすいという利点がある。問題の解決をめざす傾向が強い。

　これに対し、民間ボランティアのそれは、今、悩んでいること、困っていること、面と向かってはいえないこと、「できない相談」を受けとめようとする（全天候型）。受け手は市民のボランティアで、ひたすらかけ手のことばに耳を傾ける。解答や解決策を提案することよりも、「かけ手とともに考える」ことにつとめるのを基本姿勢としている。チャド・ヴァラの、専門家の知識や情報よりも市民の

常識・感覚のほうが，危機的場面の援助にはるかに有効であるとする経験に学んだものである。

原則

電話相談にはつぎのような原則がある。

① 匿名性 —— 受け手もかけ手も名乗らない。これでかけ手側のかける自由を保証し，受け手の安全を守る。

② 一回性 —— その時，その場 (here and now) の気持ちを大切にし，過去や未来のことは二の次。すべてはじめての通話として聴く。

③ かけ手の主導性 —— かけ手の存在をこよなく重んじる。受け手が説明・助言・説得することは斥けられる。詮索的な質問は不要。かけ手は自由に電話を切ってもよい。

④ 無構造性 —— 通常のカウンセリングでは場所・時間・料金・次回の約束などを契約するが，そのような枠はここにはない。もちろん受付けという手続きはない。

これらの原則はかけ手に自由と安心を保証し，自己開示を容易にする。

ことばだけによるコミュニケーション

電話相談は視覚（目）によるコミュニケーションを欠き，聴覚（耳）だけによる特殊なコミュニケーションである。それゆえにこれはとても不備なメディアで行き届かないものである。さらにいずれの通話も唐突にはじまり，受け手はあらかじめ準備ができない。

時に聞きちがいもあれば，言いそこないもある。またかけ手の苦情や非難，罵詈雑言にも耐えなくてはならない。

それのみか，普段使う日本語（文）では主語を欠いてもよいし，代名詞は多様でその上転用される。同音異義はとても多い。曖昧で婉曲な表現があり，微妙な敬語の使い方には苦労する。漢語（音）とやまとことば（訓）の用法にしばしば迷う。これらをあげただけでも日本語のむずかしさがわかるが，それが電話でのやりとりとな

ればなおさらのことである。

アジールとしての電話相談

今日，電話相談は普及した。しかし，電話相談の「責任」がどこにあるかは不確かであるし，どの相談機関も多数回（頻回）利用者の対応に困っている。また受け手の資質向上のための研修プログラムも十分ではない。問題は山積しているといえる。

それだけではない。電話相談活動が社会にひろく認知されているとはいえないのが現状である。いつの時代にも生きる悩みは尽きないし，もって行き場のない怒りや愁いをため込んでいる人がある。死を思いつめている人も決して少なくない。社会はこれらの人たちにたいしてアジール（避難所）を提供しなくてはならない。

これを「新しい公共」のシステムのひとつとして位置づけることが求められると思う。電話相談はそのひとつといえよう。今日メールやインターネットによるコミュニケーションが拡がりつつあるが，生の声による応答が，人生を勇気づけ，慰め，癒し，それが危機を乗り越える力となるものであることを経験している。

なお，全国各地のいのちの電話の通話の中で自殺志向の訴えは全通話中の3～5％を占め，自殺予防に特定した期間には，その訴えは全通話中，平均34.9％を占める（「自殺予防いのちの電話実施報告」2010）。拙著『電話相談―現代のアジール』にはこれらの問題を詳記した。

とができない。問題の早期発見がいつも言われるが，自殺の場合それはとてもむずかしい。「どことなくいつもの彼（女）とはちがう」と感じたという話は聞くが，それを自殺の予告ととらえることは至難のことだ。ただ稀にそれを指摘されて危うく一命をとりとめた例を知っているが，それは日ごろの接触・交流があったことが効いたものと考える。これは親とちがって，子どもと「程よい距離にある」教師ならではの発見といえる。

5 いつもと違う行動

　自殺を決意すると行動に変化がみられる。思いついたように借用物を返却する，大切にしていたものを友だちに贈る，日記・アルバムを焼却する，頻繁に散髪したり入浴する，旅行に出かける，墓参りをする，自室に花を飾る，部屋を掃除する，ケータイで自分の写真を撮る…これらは本人の普段の生活の中では見られない「いつもとちがった行動」である。ここにあげた例は筆者が経験したものであるが，これを示したねらいは，いつもとちがった行動の変化の一覧表を作ることではない。これらの行動が見られたから危険などと速断するのはまったく当たらない。遺書を書くのもこの時期が多いとされる。

　自殺を決意してから行動の変化がみられる期間はさまざまである。ここでは長い例を示した（p.50, p.70）。小学生はこの期間がごく短く（叱られて，疑われて［p.37］，大事なものをなくして），中高生のそれは，小学生に較べ長い。いずれもこの期間に働きかけ（危機介入）が求められる。死にたいと思う半面，生きたいと願い，あれこれ迷う。

　　大という字を百あまり砂に書き　死ぬことをやめて帰り来れり
　　　　　　　　　　　　　　　　　　　　　　　　　　（石川啄木）
　　このままに死なむといひし人はいま　言葉すくなに帰り行きけり
　　　　　　　　　　　　　　　　　　　　　　　　　　（前田夕暮）

6 思い止まる

　自殺念慮も強く，決意も固く，行動の変化（死への準備）もみられるような例に出あったとき，どう対応するのか。端的に言えば，腹をくくって対処するほかはない。

まず，本人と接触できたことを幸いと思って話しあうのであるが，言うほど易しいことではない。このとき念頭におくべきことのいくつかをあげてみよう。
- 死を考えることは，人間として恥ずべきことではなく，生きようとする努力のあらわれで，評価に値することであるという基本的な考え方をもつ。
- 「自殺を考えることは誤っている」「自殺は親不孝だ。親戚縁者が迷惑する」などという世間流布の常識や道徳を持ちだし，もしそれがお説教にでもなれば最悪といえる。
- 今かかえている問題の解決は確かにむずかしい。だがそれが死によって解決できそうにも思われないということを，本人の気持ちに寄り添いながら話しあう。
- 「なんとかこの子を私が救ってやるのだ」（メシア・コンプレックス）と思い込まないこと。そんなことは誰にもできないことだ。
- それでもなお強く死にこだわる例がないわけではない。死を「考えること」はやむをえないが，「決行することだけは一時保留するか，延期する（チョットマテ）」よう説得する。とくに死に強く固執する人は，幸い約束にも強くこだわり，約束の方を優先する。ここでも根気強く「聴く」。

筆者が経験した例である。長期にわたり自殺念慮を持ち続け，決意も固く，死の準備も終わった感じの事例である。筆者は手の打ちようがなく，いたずらに時だけが流れた。その時ほど無力感を味わったことはない。それでも，話すほどに次第に落ちつき，ぽつぽつ自分のことを話すようになった。のちに彼は，筆者が「あまり聞き出そうとせず，外から見守ってもらっている感じがしたので，話す気になった」と語り，死を思いつめるに至ったいきさつを詳しく話してくれた。この時ほど，ほっとしたことはない。

中学時代に未遂を体験した女子大生の回想を紹介する。

「私は中学校のときに，自殺を考えたことがあります。まずはじめに

自殺の手段をあれこれ思いめぐらしました。飛び降り，首つり，ガス，手首を切る，睡眠薬，農薬…など。

でも死ぬというよりも，痛い，苦しい，死体が醜い，ということが先立ってしまって（美の感覚），結局は死に至りませんでした。私の場合は未遂だったのですが，現実には既遂の人もいるわけですから，そういう人はすごいなあと思います。

これは決してその人を賞讃しているわけではありません。死のことだけを考えてそれに集中すると，その力は他のものに較べられないほど強力なものだと感じます。そんな力があるならばそれを他の方向に向けたらという人がありますが，そんなことはとてもできないというのが，私の感じです。でも生きていて，まあよかったほうだと思っています…」

死ぬるべく海まで来たが月見草　　　　　　　　　　（安川久流美）

7 保健室で

保健室を訪れる子どもの中に，上述したように，死にたいと訴えたり，自殺をほのめかす事例が少なくない。対応の基本は前節に述べたが，そこでよく見かける風景を想定して，留意したいことを付け加える。

① 問題を一般化する

子どもが死を話題としたとき，しばしば，「自分も若いころよく考えたものだ」「誰しもあなたのような悩みをもっている」など，子どもの持ちかけた話を安易に一般化することがある。また，養護教諭が自分から体験を話したり，世間の常識的な意見を引き合いに出したりすると，子どもは「私はなにもわかってもらえていない」と思う。

ほかならぬこの「私（養護教諭）」に問いが投げかけられたということの重大性に心したい。子どもの主張がよく理解できないときは，率直に，「あなたの気持にはとてもついていけない点がある。もっとわかるように話してほしい。いっしょに考えていこう」と受けてみる。自殺そ

のものを批判したり，周囲の迷惑を持ち出すことが不適切なのは前述した通りである。必ずつぎの面接の日時を決める。もし2回面接が続いたときはひと安心と考える。

② **思い込み**

面接に当たって日ごろ自戒しなくてはならないことがある。そのひとつは先入観。

・成績のよい子は問題をもっていない
・子どもを，その周囲の子どもと比較して判断する
・第一印象がよい子どもを評価する
・気に入った子どもの行動は大目にみる
・子どもの問題行動にラベルを貼ったり，診断用語を持ち出して原因を単一なものと思い込む

つまり，既成の考え方や枠の中で判断しやすい。そこに死（自殺）のような非日常的な課題が持ち込まれると対応に迷ってしまう。

③ **巻き込まれ**

共感的に理解することは面接の大原則だ。これは相手の主張を是認することでもそれに同調することでもない。死が話題となった面接ではこれがとてもむずかしい。経過の中で「自殺（死）をあきらめた」とか「考え直してみる」ということばがでると，ホッとして峠を越えた感じになり，これらのことばを過大に受けとめてしまう。未遂直後や再々企図（リストカット）がある事例では，意外と簡単に自殺をとりさげることばが出る。その舌の根も乾かぬうちに再企図した例がある。

自分は共感的に理解していると自負している人が，実は逆転移の状況にあることに気づかない。熱心なあまりとはいえ，巻き込まれているといえる。ほどよい距離が確保され，面接を狭い袋小路に閉じ込めないためにもスクールカウンセラーや専門家などから適切な助言（コンサルテーション）を受ける必要がある。

④ **抱え込み**

カウンセリングの訓練をうけ，これを実践している人は一対一の対話

の中に人間の成長がみられることを体験している。しかし同時に、子どもは同年齢の仲間集団（peer group）の中で成長・変容をしていく。教師の働きかけだけでは一向に変化がみられなかった例でも、仲間たちの、巧まざる働きかけによって変化していくことは日ごろから経験している。この力を生かさない手はない。子どもたちのもつ力を評価しなくてはならない。

　保健室の指導が教師の間で今なお理解されていないことがあり、その熱心な働きかけが誤解を生むことがある。そのひとつに相談をめぐる守秘の問題がある。共通理解の必要と個別事例の指導のディレンマに苦しむことになる。言いうることは、秘密は「守る」ことだけに意味があるのではなく、秘密の約束を通じて両者（子どもと養護教諭）に共犯意識で深い信頼関係が成り立つことがそのねらいで、その中ではぐくまれた人間関係がいざというときの指導に効いてくるのだ。「保健室で話されたことは他言しない」ということをお題目のように主張するだけでは、実りは乏しい。共有すべきことは共有すべきである。

　事例をひとりで抱え込むと、つい他に援助を求めることも忘れがちになる。他に援助を求めることは責任を放棄することではない。役割が替わることであり、よりよい援助のために必要なプロセスといえる。必要な情報は提供する。自殺および犯罪に関して、カウンセラーは必要な通報・連絡をすることは広く認められている（アメリカの判例）。なにが「必要な情報」であるかを判断するのは養護教諭の仕事で、そこでは「見識」が問われている。

図3 自殺への道のり

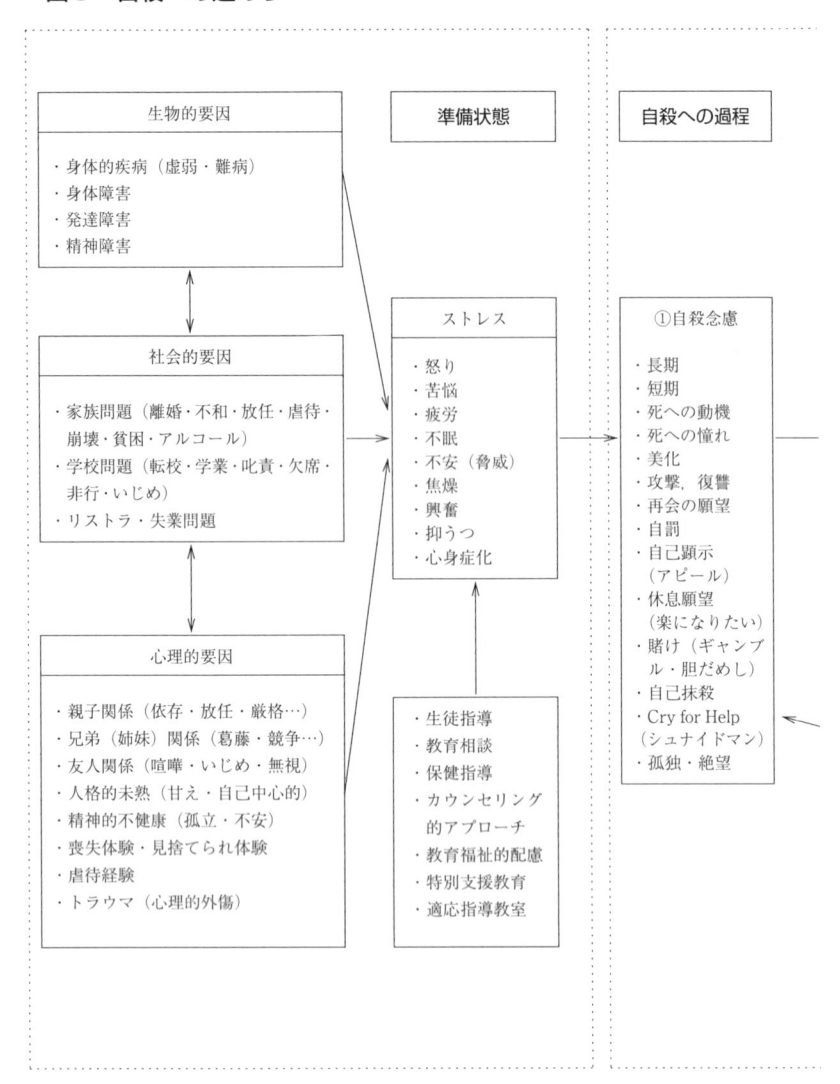

生物的要因
・身体的疾病（虚弱・難病）
・身体障害
・発達障害
・精神障害

社会的要因
・家族問題（離婚・不和・放任・虐待・崩壊・貧困・アルコール）
・学校問題（転校・学業・叱責・欠席・非行・いじめ）
・リストラ・失業問題

心理的要因
・親子関係（依存・放任・厳格…）
・兄弟（姉妹）関係（葛藤・競争…）
・友人関係（喧嘩・いじめ・無視）
・人格的未熟（甘え・自己中心的）
・精神的不健康（孤立・不安）
・喪失体験・見捨てられ体験
・虐待経験
・トラウマ（心理的外傷）

準備状態

ストレス
・怒り
・苦悩
・疲労
・不眠
・不安（脅威）
・焦燥
・興奮
・抑うつ
・心身症化

・生徒指導
・教育相談
・保健指導
・カウンセリング的アプローチ
・教育福祉的配慮
・特別支援教育
・適応指導教室

自殺への過程

①自殺念慮
・長期
・短期
・死への動機
・死への憧れ
・美化
・攻撃、復讐
・再会の願望
・自罰
・自己顕示（アピール）
・休息願望（楽になりたい）
・賭け（ギャンブル・胆だめし）
・自己抹殺
・Cry for Help（シュナイドマン）
・孤独・絶望

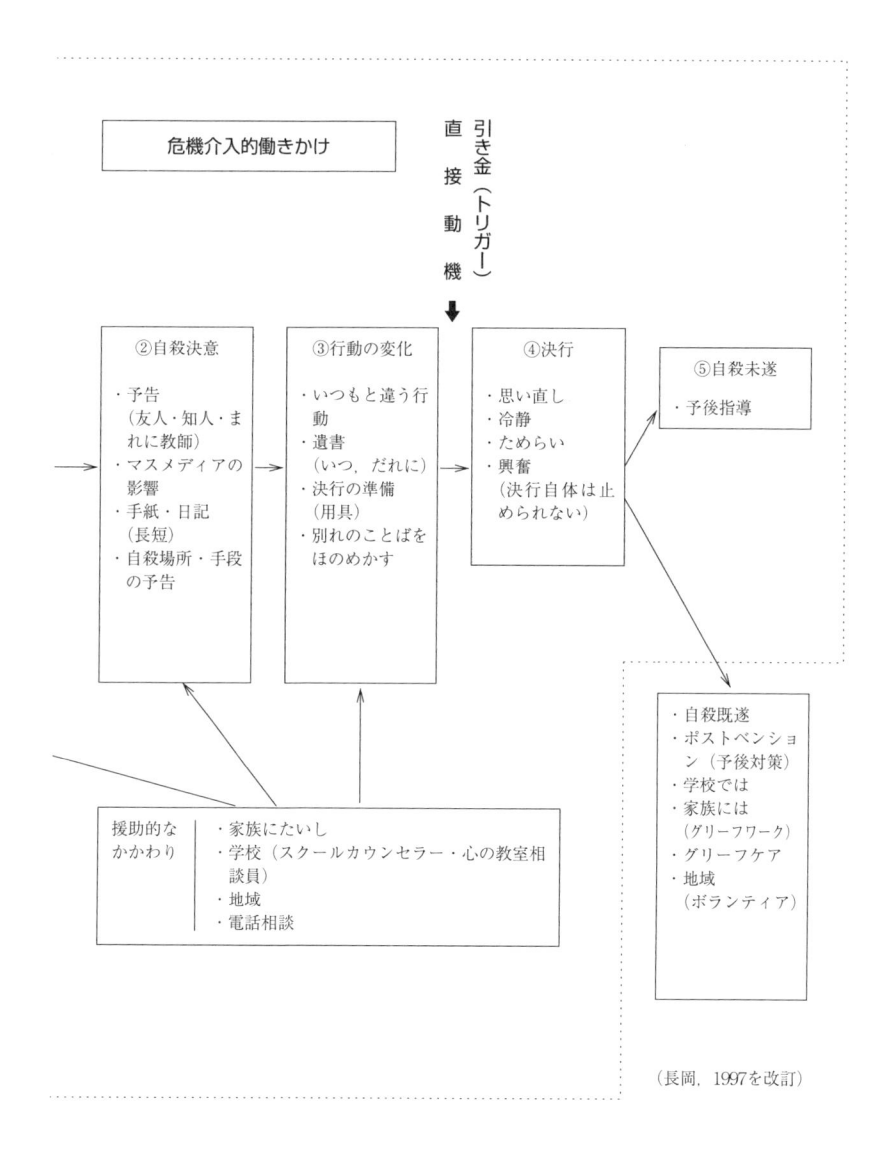

```
┌─────────────────────┐                    引
│  危機介入的働きかけ   │         引き金（トリガー）
└─────────────────────┘              接
         │                           動
         │                           機
         │                           ↓
         ▼
┌──────────────┐ ┌──────────────┐ ┌──────────────┐ ┌──────────────┐
│ ②自殺決意    │ │ ③行動の変化  │ │ ④決行        │ │ ⑤自殺未遂    │
│              │ │              │ │              │ │              │
│ ・予告       │ │ ・いつもと違う│ │ ・思い直し   │ │ ・予後指導   │
│ （友人・知人・│ │   行動       │ │ ・冷静       │ └──────────────┘
│   まれに教師）│ │ ・遺書       │ │ ・ためらい   │
│ ・マスメディア│ │ （いつ，だれに）│ │ ・興奮       │
│   の影響     │ │ ・決行の準備 │ │ （決行自体は │
│ ・手紙・日記 │ │ （用具）     │ │   止められない）│
│ （長短）     │ │ ・別れのことば│ │              │
│ ・自殺場所・手│ │   をほのめかす│ │              │
│   段の予告   │ │              │ │              │
└──────────────┘ └──────────────┘ └──────────────┘

                                                  ┌──────────────┐
                                                  │ ・自殺既遂   │
┌─────────────────────────────────────────┐       │ ・ポストベンシ│
│ 援助的な │ ・家族にたいし                │       │   ョン（予後対│
│ かかわり │ ・学校（スクールカウンセラー・│       │   策）       │
│          │   心の教室相談員）            │       │ ・学校では   │
│          │ ・地域                        │       │ ・家族には   │
│          │ ・電話相談                    │       │ （グリーフワーク）│
└─────────────────────────────────────────┘       │ ・グリーフケア│
                                                  │ ・地域       │
                                                  │ （ボランティア）│
                                                  └──────────────┘
```

（長岡，1997を改訂）

コラム Asyl（アジール）

　太古から病気や飢饉また戦乱は日常茶飯事であった。それゆえに人類は長い間自身の安全と平和を保障する方法を模索してきた。古代イスラエルには「逃れの町」（申命記：19;2～）があり，ギリシャ・ローマにもこれに類する制度があった。中世ドイツの都市では国家や教会の力が及ばない独自のアジール（避難所）が発達した。これはちょうど，子どもの遊び・鬼ごっこ —— 石で周りに円を描いて（魔法の円），そこに入れば鬼に捕まらない —— に似ている。今の子どもたちのいう陣地・基地のそれである。はじめこの範囲は手袋を投げて届く距離とされていた。これが森・家屋・橋・水車小屋に拡がり，そこが人びとの恰好の息抜きの場にもなり制度として定着した。人はなにかに護られていなければ暮らしてはいけない。寒い風から身を守るマントはその象徴であり，中・北欧の三角の屋根はその名残である（ヘンスラー）。わが国でいえば無縁・公界に較べられる。

　この独自で自由な空間は近代とともに消滅するが，今日でも外交官特権・野戦病院・難民受け入れ，さらには少年法の規定や恩赦制度の中にその痕跡がみられる。アジールは法の常識を超えたところに成り立つ人間尊厳のあかしであり，人間の知恵といえる。

　子どもたちは，いつの時代にも傷つき，悩み，不安をかかえ，援けを求めている。子どもたちの集まりである学校は，これらに応えるAsyl（アジール）があってはじめて，まっとうに機能するといえる。保健室はその機能の一端を担うと考えることができる。

Ⅴ章

自殺未遂を考える

1 自殺未遂とは ── 自殺未遂もまた多様

　ふつう自殺を企て，それに失敗して「生きている」事例をさす。それと較べ最近の若者の間に流行の気配がある手首自傷（リストカット）は，これとはちがった背景がある。かみそりなどで手首を自傷する行為で，自罰・攻撃・アピールと解されている。多くはよく聴くことによって，その動機や心理を理解することができる。いずれも本人をとりまく人間関係の不調があることは明らかである。ただ頻回化するおそれがある（手首に多くのためらい傷）ことと，その中にはごく稀であるが自殺に至る例がないとはいえない。また仲間の中で流行することがあり，学校としても注意が必要で，保健指導・教育相談の対象といえる。さしあたっては自殺未遂とは別のものと考えてよい（p.121）。

　さて，自殺未遂は2つの点で注目すべきだ。ひとつはその自殺未遂例がずいぶん多いということで，その数は自殺既遂の10倍以上といわれている。男女比では圧倒的に女性が多く，他の問題行動ともリンクしており慎重な対応が求められる。他のひとつは，自殺未遂は「最大の自殺予告である」ということである。「自殺対策白書　平成22年度版」の「第1－43図　平成21年における自殺未遂歴の有無別自殺者の割合」には，
・男女とも全年齢にわたって自殺者には未遂歴があること
・男女別では未遂歴の割合が，女性のほうが男性より高く，19歳以下では女性のそれが40.6％に及んでいること

が示されている。いいかえると未遂者を徹底的にフォローすれば，自殺の一部は予防できるということにもなる。

　未遂後の子どもにはつぎのような多様な態度がみられる。
・あくまでも死ぬことに固執し，助けられたことに不満・苦情をもらしたり，また自暴自棄（ヤケクソ・ヤブレカブレ）の言葉をはく。
・自殺を企てたことがそれまでの緊張を和らげ，それが立ち直るきっかけとなり，中には翌日登校する例もある。どうしてあんな馬鹿なこと

をしたのかという反省の言葉もみられる。
・未遂それ自体を目的とした行為で，親や学校・級友などへのアピール効果が計算されているらしくみえ，致死性の低い手段を選んだり，発見されやすい所で実行したりする例がある。
・自殺未遂をきっかけに自己を再建し，新しい生き方や進路を発見していく。

　この未遂行為が人生の長い道中における必要な回り道であるというような自己理解ができれば，再企図の危険は少なくなる。そのためには根気づよい面接が必要だ。

　このように未遂者のとる態度は多様だが，面接では少なくとも「なんて愚かなことをした」「恥をかかせた」「他人に迷惑をかけた」などという言葉は不適切だ。未遂を本人が何か自分の問題を解決しようとした証しであるという立場から，つとめて受容的態度で臨み，かりそめにも本人の責任を一方的に追及したり，反省を求めたりしてはならない。もし本人が自殺について自分の考え方を述べるようであれば，これ幸いと率直に意見を交換し，本人自身が自己理解を深める機会とする。未遂者はふつう最低3か月のケアを必要とするというのが通説だ。

　学校内で未遂がおこることは稀だ。もしあったとすれば学校が本人にとって大きな意味をもっていると解され，別途検討の必要がある。家で行った場合は家族への援助が必要となってくる。

　学校では，自殺未遂者を問題生徒とラベルを貼ることを戒め，早く元の学校生活に復帰できるような態勢づくりが求められる。危険性がある —— これはごく主観的なことだ —— ということを理由に転校などを求める（厄介払い）のは避けるべきである。もし本気で自殺しようと思えば，いつでも，どこでも，どんな方法でもできるわけで，たとえ学校から本人を排除したとしてもそれは死の場所を他に移すにすぎないことを銘記すべきである。このような指導をスムーズに行うためには，学校に数名の委員会を設け，そこでじっくり討議する必要もでてくる。このようにしてもなお，理解しがたいなにかがあった場合は，スクールカウンセラーに助言を求めたり，スクールカウンセラーを指導チームの一員に

加えることを考える。教師とは別な視点からの提言が期待できる。

2 ひたすらに死を求めて

事例⑫：R　中学3年生男子 —— 醜い男と思いなして
① その発端

　母親から「近頃，中3の息子のようすがおかしい。どう対処したらよいか，詳しいことは会って話したい。1日も早く時間をとってほしい」という不安げな電話があり，そこから面接が始まった。母親15回，担任3回，計18回，6か月で一応終結した。

　Rの家族は，同じ屋敷の別棟に住む祖父母と両親・妹・本人の6人家族。地域の旧家で，祖父は多くの名誉職をもち，客の出入りも多い。父は同族経営の企業の専務である。

　Rは幼稚園・小学校時代はよい子として育ち，家族の期待を一身に集めていた。中学入学後は長身を生かしてバスケット部で活躍した。

　高校受験を半年後にひかえた3年生の教室は，しだいに緊張した雰囲気に包まれてきた。はじめて3年を担任するという若い教師（男性）は，他のクラスにひけをとってはならぬと，学年当初からいくぶん気負いぎみであった。Rは成績は中ぐらいだが，もうひと頑張りすれば希望の高校合格は確実とみられていた。それが10月はじめごろからなんとなく元気がなく，成績も下降しはじめた。そのころから家でも冗談を言わなくなり，食事に呼んでも以前のように素直には答えず，小声で何かブツブツ不平を言うことが多くなった。母親はこれが気がかりだったが，受験を前にした中学生にはありがちなことと考えていた。日ごろからことば数は少ない方で，父親を嫌い，顔を合わせることを避けていた。

　10月末のある日，2階のRの部屋で「ドスン…」という鈍い音がした。無気味に思った母親が急いで上がってみると，Rがぐったりして横になっていた。よく見ると，首のあたりが赤くはれあがっており，ビニールの洗濯ひもが横にあった。「何を，バカなマネをして…」と母親はとっ

さに叫んだ。Rは「なんでもない…」と答えたが，母親の胸さわぎは静まらなかった。翌日，Rは母親に，「風邪で休むと学校に連絡してほしい」とたのんだ。この日からRは週に2, 3日学校を休むようになった。しかし，これらのことは父親には知らせなかった。

11月の終わりごろの夕方，母親はRが離れた納屋の方に消える姿を見た。ふだん行くこともないところなので，不審に思って尋ねると，例のように「別に…」と言って，納屋のあたりを行ったりきたりして，やがて自室にもどった。不安になった母親は最近のRについて父親に話した。父親は憮然として，「あいつは何を考えているかさっぱりわからん」とひとこと言った。

② 秘められた願い

Rはその翌日も欠席した。母親が昼食時に話を向けると，彼は「どうして俺をこんな顔に生んでくれたのだ。女の子も変な顔だと聞こえよがしに言っている。鼻すじは右に偏っているし，顎の左と右がアンバランスになっている。どうしても手術して直したい。早くよい病院を探してほしい。お金は働いてから返すから」と訴えた。母親は，「お前の顔，どこもおかしくない。十人並みよ。今ごろ藪から棒に何を言い出すの…」と応じたものの，日ごろ口数の少ないRが一気に，しかも理解しにくい内容を口走ったので驚いた。

そういえば，母親に思い当たる節があった。Rは登校前のあわただしいときに，しきりに洗面所で鏡をのぞき込んでいる。「早くしないと遅れるよ」と何度も注意したことがある。また，帰宅してもすぐ洗面所に行く。鏡台にあった母親の手鏡を自室に持ち込んだ。母親はこれらの行動を年ごろのこととしてさほど気に止めなかった。

Rは授業を休んだ日にも，バスケットの部活だけには顔を出した。担任はこの不可解な欠席を，怠学とみるか不登校と判断するかと迷い，同僚に相談している。家庭訪問でも普通に面接ができ，Rは「明日は必ず出席します」とごく自然に約束した。

醜貌を苦しむ自分を母親に打ちあけてから，整形手術に対するRの要求はエスカレートした。手術を認めてくれなければ学校に出ない，ま

た死ぬと脅したり，物を手あたりしだい投げつけたり，竹刀で母親を殴りつけたこともあった。また母親といっしょに寝るなど，退行現象もみられた。

　母親はこの暴言・暴力に耐えていたが，11月末のある日の午前5時ごろ，全身ずぶ濡れの姿で悄然と玄関先に立っているRを見つけた。その日，母親は意を決して前述の電話をしてきたのである。面接でわかったことであるが，それまでに手首自傷と思われるもの2回，縊首と思われるもの2回，飛び降り・入水各1回の自殺企図があった。状況の説明から，はじめは醜貌の自分を抹殺したいとして企図したと推測されるものであるが，それがしだいに手術に反対する親への脅迫ないしアッピールと解されるものに変化していることがわかった。

③ 医師との出あい

　筆者は日ごろから連携している精神科医と協議し，母親に受診を勧めた。母親は外聞をはばかり容易に応じなかったが，アクティング・アウト（行動化）が連続したことで折れ，ようやく重い腰をあげた。「診察の結果によっては，整形外科医を紹介する」という条件でRと話し合わせたが，はじめはRは騙して入院させるにちがいないと頑固に言い張った。説得のあいだもアクティング・アウトが続いたので，見かねた父親が親戚の若者に応援を求めて暴れるRをとりおさえ，車で精神科医のもとに運んだ。穏やかに迎えた精神科医の説得で，本人が通院を約束すれば，手術を考慮してよい，そうでなければ入院のほかはないとの話に納得した。やがて整形外科で小手術（本人の要求を受け入れる形をとった儀式）を行った。手術後本人は鏡を見て大いに満足した。母親は「そのときのうれしそうな顔はついぞ見たことがない」と，その状況を話した。Rは翌日から登校を再開し，その後1日の欠席もなく，志望の高校に入学した。

　この例は，醜貌恐怖から再三自殺を企図したが，家族・相談機関・専門医の連携によって危機をまぬがれたものである。このような訴えにくい訴えは，学校生活の中ではなかなか表出されず，普通の生徒とみられてしまう。不審な欠席はひとつのサインではあったが，それから真の問

題に気づくことは容易ではない。不幸にして既遂であったら,「動機不明」,「高校受験を苦にして」あるいは「発作的」など,月並みなことばで報道されたかもしれない。

3 自殺未遂と学校復帰

事例⑬：S 高校2年生女子 —— 弓をひく
① 事例の概要

　進路指導には定評のある練達の担任から,相談係（筆者）は自殺未遂のSの指導の依頼をうけた。Sとはそれまで全く面識がなかった。そのSが建てつけの悪い相談室の戸をギギィーッと開け,伏目がちに入口でたたずんでいたあの表情をありありと思い出す。Sの自殺未遂については,筆者は承知しており,やがて面接することになるかもしれないと覚悟はしていたものの,Sが来室すると改めて「覚悟」のようなものを求められる気がした。

　Sは「担任に相談室に行くように言われたので来ました」とひとことだけ。生気の抜けてしまったSをみた一瞬,正直,ギクッとした。そのことばは淡々というよりは,なにか冷え切ってしまったという印象であった。質問にはポツポツと答え,面接を拒否するようすはなかった。とはいっても,この年ごろの女らしさなど全く感じられず,とくに感情のこもらない応答が気になった。初回面接が楽ではないことはわかっていたが,ともかく指定した時間にはきちんと来談したので,当初受けた不安感はだんだんうすらいでいった。関係者の話を総合すると,自殺未遂に至る状況はつぎのようであった。

　Sは,大都市近郊の第二種兼業農家の生まれ。5人兄妹の末子。父は58歳,母は56歳,家族は長兄夫婦とその子ども（中1女子,小5男子）との複合7人家族。すぐ上の他家に嫁いだ姉とは10歳はなれている。父は農地の一部を処分してマンションを経営,母と兄嫁が農業に従事,長兄は会社員,暮らしは豊かなようである。Sも中学2年までは農作業

を手伝い，早朝，野菜を市場に出荷するのを手伝ったあと，登校する日もあったという。近所では家をよく手伝う感心な娘という評判であった。

　中学3年担任による人物評では，まじめ，ひかえめ，勉強好きとある。成績はつねに上位1割以内で，周囲の期待を担って，難関といわれる高校に入学した。高1の担任（男性・40代）は，「無口・活気乏し・友人少なし」と評価している。成績は中，目立たぬ，ごく普通の生徒と映っていた。「友だちとは話があわない」と友人に言っている。家に帰っても，学校であったことはほとんど話さず，近所で拾った雑種の犬を格別かわいがっていたようである。

　Sが救急病院で手当てを受けているという家族からの電話がはいったのは，ちょうど中間試験の前日，蒸し暑くどんより曇った6月のはじめのことであった。担任は，はじめ交通事故かと思ったが，翌日，長兄が来校して，Sが前夜，農薬自殺を図ったので，救急車を要請して入院となったと報告した。病院の診断では「ここ一両日が山で，一命をとりとめても後遺症が心配である」とのことである。担任はただちに病院にSを見舞った。校内では関係者に概要が伝えられ，回復をまって対策を考えることになった。関係する教師の間では試験逃れ・ノイローゼなどのことばがでた。

　Sは奇跡的にも一命をとりとめ，3週間で退院し，登校してきた。学校復帰後の指導は担任と相談係に一任された。7月×日を初回とし，夏休み中を含め，1週1回，1時間，計16回でいちおう面接は終結した。

② 面接のメモから

　この事例の面接には忘れがたいいくつかの場面があった。面接を重ねるにつれて，Sの生活や，彼女の内的な世界の輪郭がだんだん浮かんできた。その要点をまとめてみるとつぎのようである。

・家族の中では心の通った話しあいがないらしい

　話が家族や自分の将来のことになると，いっそう口が重くなる。「親が年をとっているので，当てにはできないし，そのことはもうあきらめている。自分の気持ちや考えていることをわかってもらおうなどということはもう考えなくなった。言い出したとしても，無理であることはわ

かっている。こんな毎日の生活だから，早く独立するほかないとは感じてはいるが，さて，どうしたら独立できるのか，さっぱりわからない。こんなことを独り考えていると，無性に寂しくなってくる」

・自殺念慮がかなり長期にわたって続いている

「死んでみようかな…と思ったのは，小学校5年のころから。中学校にはいってから，『死』を考えなかった日はなかったと言ってよいくらい。玄関わきには，いつもいろんな農薬が置いてあるが，学校に出かけるとき，帰ったときに，この農薬のビンに向かって，行ってきます，ただいまと言っていた。なぜこうも死にたくなるのかと聞かれても困ってしまう。ともかく，自分というものを考えるようになったときから，農薬と向かいあって暮らしてきた」

・うつ的な気分が強い

「もともとそれほど長く生きようとは思っていなかった。いろいろ考えていくほど解らなくなってしまうので，いつかどこかで区切りをつけなくてはならないとは考えていた。それが高1の夏ごろからどういうわけか，なんだか楽しい気分になって，死のことなどすっかり忘れていた。それが高2になって，不思議と中学時代の気分に戻ってしまった。あの日は試験の前日で，なんだか体が重く感じられた。どうしてあの日を選んだのかはわからない…」

以上のようなことから，日ごろからうつ的な気分に陥ることがあり，それとともに自殺念慮が強くなり，しかもそれがかなり長期間にわたっていること，まじめで完全癖，過敏な人がらの持主であること，家族や友人からの孤立傾向があることが推測できた。

③ 的に向かって

そこで，面接と並行して，なるべく「外の世界」に目を向けること，モヤモヤした気分をスッキリさせるために，適度に緊張できる場面を体験すること，いままでのこだわりをふっ切るために，なにか一点に集中でき，同時に体を動かすことができる作業を継続させてはどうかと考えた。たまたま筆者は弓道部顧問をしていた関係から，弓道部の練習に誘ってみた。はじめはあいかわらずためらっていたが，弓懸を貸したことが

縁となって，関心を示してきた。中途入部であるので部員に了解を求め，型の練習からはじめることにした。

　Sはともかく毎日のように弓道場に姿を見せた。もともとことばの少ないSである。友だちと談笑するということはない。ただ黙々と巻藁（まきわら）に向かっている。筆者と交わすことばも，「チョット…」とか「マァ…」といった程度であった。2人がひとつのことに懸命になっているということで通じあうものを感じた。

　練習をはじめて3か月たってSは矢場に立つようになった。ほどなく10射中1射が的中するというほどの腕前になった。矢が的に当たって，的紙（まとがみ）が「ブッ」と破れる音に，能面のようなSの顔がかすかにほころんだ。笑顔からおよそ遠かったSが，この時ばかりは輝くのである。このような表情は相談室の中ではついぞ見られぬものであった。ヘリゲルの『弓と禅』（福村書店）を貸したのはこのころであった。

　Sが弓道場に足繁く向かうようになるにつれて，いつのまにか相談室からは離れていった。校内で出逢ってもほんの軽い会釈を交わすだけとなった。そして，筆者が知らぬ間に弓道初段になっていた。

　Sはやがて大学の農学部に入学した。生命科学を専攻するつもりであると伝えてきたのは，大学3年の暑中見舞の中であった。その後の消息はさだかではないが，「便りなきはよき便り」と考えている。

　とり立てていうほどの工夫を指導に加えたわけではないが，弓道部に定着しはじめたころから示された，Sの回復力には正直いって驚いた。担任にはもっぱら裏方役にまわってもらい，クラスの生徒に対しては病気欠席とその理由を説明してもらった。

　Sの自殺念慮が未遂を機に，どのような過程で解消あるいは克服されたかを，面接の中のことばではとらえることができなかったが，ともかく，再企図はないだろうという感触は得た。

4 リストカット（自傷行為）

(1) 自傷行為

　今日の若者の大半は「リスカ」ということばを知っている。この短縮語は，隠語めいている。また隠したいものということが含まれていて，理解しがたい若者の行動という連想がはたらく。そこには謎めいた秘儀という語感がある。

　手短にいえば，リストカット（自傷行為）は，自分の体（手首・腕・股など）を意図的に傷つける（剃刀・カッターナイフ・安全ピン・千枚通しなどで，切る・刺す・咬む・熱湯をかけるなど）行為を指している。

　この奇妙な現象は1960年代，アメリカの若者の間ではじまり，それが1980年代，日本に伝わってきた。最近ではこの行為が再び中・高校生の間に少なからずみられ，学校でも問題行動のひとつとして注目されている。

　女優マリリン・モンローやダイアナ妃にこの行為があったことが知られ，そこに焦点をあてた伝記が刊行されてから一般にも知られるようになった。また南条あや『卒業式まで死にません』（新潮文庫，2004）は広く読まれた（p.204）。今，中・高年の自殺が話題になっているが，ある人は，それにもまして30代の自殺増加の徴候に注意するように呼びかけ，さらに今日の若者の自傷行為が，将来の自殺者の増加に連なるのではないか（つまり自殺の低年齢化）との懸念を表明している。

　自傷行為は，一見，自殺企図（未遂）とよく似ているので，両者が混同される。両者は本来性格のちがった行為ではあるが，いくつかの共通点もある。自傷行為を考えるとき，まずこのことを理解する必要がある。

(2) 自傷行為と自殺企図

　この両者のちがいを端的に述べよう。自殺企図とは「死のうとする意図から（死を決意して），その行為を実行すれば死ぬであろうことをあ

らかじめ知った上での行動で、この苦痛にみちた世界から脱出しようとする行為」のことを指す。もうこれ以上，この苦痛には耐えられない，早くなにもかもおしまいにしたいという絶望の心理が根底にある。自殺未遂はその失敗とされる。

　これに対して自傷行為とは「死のうというはっきりした意図がなく，その方法（自傷という手段）では死ねないことを知った上で自らの身体を傷つける行為」を指す。死をめざすかにみえて，実は生きることを求めての行動といえる。ただし，両者を截然と区別することはむずかしい。いずれも死にかかわってはいるが大きなちがいがある。両者に共通しているのは苦痛から逃れ，不快な気分を軽くしたいとの思いである。自傷行為では死に至ることはないが，これを繰り返す人のなかで，やがては自殺に至る例があることから，自殺関連行動と考えられている。平成20年10月，「自殺総合対策大綱」の改正があり，内閣府の「自殺対策加速化プラン」の中に，「自傷行為を繰り返す者」の語が入れられたのはその意味からである。

(3) リストカットは増えている

　生徒のリストカットの状況に関する調査に，日本学校保健会「平成18年度　保健室利用状況に関する調査報告書」(2007) がある。これによれば，小学校の9％，中学校の73％，高校の83％で自傷行為があったとされている。この数字から大半の中学校・高校には自傷行為をする生徒がいると考えられ，養護教諭のほとんどがこれにかかわっていると推察される。同調査にもとづいて，事例化した自傷行為の発生率を算出すると，生徒1000人あたり，中学校で3.7人（0.37％），高校生で3.3人（0.33％）となる。

　これとは別の民間の調査がある。首都圏の中・高校生に向けた，「故意に自分の身体を刃物で切ったことがありますか」の問いに，中・高校生の男子では7.5％，女子では12.1％が「ある」と答えている。男女に大きな差はなく，いずれも初めて自傷した平均年齢は12.6歳とされ，これは注目に値する。諸外国の同様の調査でもこれに近い数字が得られ

ている（松本俊彦らの調査）。また大学生のそれは7.5％とされる（朝日新聞）。ちなみに少年鑑別所に入所した男子の14.0％，女子の60.9％に自傷の経験があるという。

　気になるのは公式の学校の調査と民間のそれとの間にある数値の差である。もちろん調査方法のちがいによるものであろうが，なによりも自傷行為が他の問題行動に較べて，秘かな行為であり，その把握がむずかしいことを示している。ある専門家は自傷行為の経験者は中・高校生の1割に及んでいると警告している。ちなみに多発している不登校の児童・生徒の出現率は，小学校0.32％，中学校2.74％，高等学校1.14％と比較することができる（文部科学省「児童生徒の問題行動等生徒指導上の諸問題に関する調査　平成22年度」）。

(4) リストカットの動機

　リストカットした動機を本人に聞いてみると，

・日ごろのつらい気持ち，イライラした気分をなくしたい。そこから逃れたい…。
・嫌な思い出を忘れ，ピリピリした毎日の生活を変えたい。
・どうにもできない孤独感，そこから抜け出したい。

などと話すものが多い。想像されるように，マネやイタズラ気分また遊びなどではなく，それなりに生き方を考えてという印象を受ける。切る（cut）ことは，心の痛みを「自分で，切りとること（cut away），早く切りをつけたい，古い自分と別れたい」などという自己主張の心理を含むものと思われる。

　自傷行為はことがことだけに，人に知られたくないという思いが強い。人に知られない場所（自室）で，人目を盗んで行われる。傷痕を隠すのに腐心し，夏でも長袖のシャツを着る。もちろん誰にも話さないし，援けを求めることもない。

(5) リストカットする生徒の特徴

　リストカットをした生徒と話してみると，いくつか彼（女）らに共通

する傾向をあげることができる。

① **自分を大切にしない**

よく口にすることばに「どうせオレなんか」「早く消えたほうがよい」「ともかく，こうしているのがムカつく」…がある。問いかけても，「別に…」がかえってくるだけで，そっけがない。「誰にも迷惑はかけていない…」ともいう。時にそしらぬ顔で，かえって相談を受ける側の方がイライラする。なんとも可愛げがないと思ってしまう。

自傷行為は，痛みを痛みとも感じないようで（解離・離人的），切ったその時は痛みを全く感じなかったという。傷の手当てをしようとせず放っておく。自分の健康を守ることに無頓着な印象がある。

② **人が信頼できない**

多くは傷痕をかくし，それについて話そうとしてもそらしてしまう。妙な沈黙がある。自分も嫌いならば，他人も嫌い。とりつく島もない。人間関係が貧しいことをうかがわせる。

これらはおそらく，幼少時に虐待やネグレクト，反対に親の過剰な期待に圧しつぶされた体験があったのかもしれない。小学校時代には発達障害（注意欠陥／多動性障害：ADHD）があって，嫌われたりいじめられた体験をもち，これらのことがあって友だちができず，人と話しても「わかってもらった」という体験が乏しい。そうであってみれば人に訴えまた話そうとしないのは自然ということになる。

自傷事例の対応がむずかしいとされるのは，本人が自傷行為が問題であると気づかないこと，したがってそれを他に助けを求めようとしないことにある。それというのも以上のような状況のなかで，よい人間関係が育まれてこなかったからであろう。友だちとメールでは交流するという例も見られるが，むしろ稀ではないか。

③ **頻回化する**

自傷行為は頻回化する（自殺とのちがい）。もともと心の痛みにはじまる行動であるから，それが1回で終わるとは思われない。また自分を確かめる（アイデンティティの再確認）という側面を持っているので，若者の自傷行為の頻回化はさけられない。手首から二の腕にかけて切傷

の痕がシマ模様になっている例を見たことがある。1回の自傷が次の自傷をさそう。

このように抜け出そうにも抜け出せなくなった，やめようと思ってもやめられない状況は一般に嗜癖また依存と呼ばれている。喫煙や飲酒の習慣に似ている。

④ **他の問題行動とリンクしている**

自傷行為はそれだけで終わることは少ない。ここに問題の複雑さと解決のむずかしさがある。多くは他の問題行動とリンクしている。摂食障害（過食・拒食）はその中でも主要なもので，このほか，市販薬・有機溶剤（シンナー等）の乱用がともなう。中には精神科から処方された薬をため込み，あるとき，それを過量服薬（オーバードース：OD）する。病院の救急外来にこの種の患者が搬送される例が多いとされる。「自殺対策白書　平成22年度」の「第1―44図　自損行為による救急自動車の出場件数及び搬送人数の推移」には，自損行為（過量服薬・リストカット・飛び降り）で救急搬送されるものが全件の1％あることが示されている。オートバイの暴走者の中にも自傷行為の例が混じる。

ひきこもり・不登校事例の途中経過にもこれがあるものと想像される。自傷行為にはこれら問題行動と重なり，また並行して進行することが多いことに目を配りたい。

(6) **自傷行為は伝染するか**

自傷行為は秘められた，ごく個人的な行動と考えられるので，それが伝染するとは考えにくい。学校で複数の生徒が，軽いノリによって自傷した例（フザケ・遊びとして）があったにしても，ここにいう自傷行為とはいえない。

ただし，マスコミによって自傷の話題が大きく取りあげられたり，自傷者たちのホームページがつくられたり，そこに自傷のカリスマと称される人物が現れる今日では，この影響を無視することはできない（p. 204）。また生徒が日ごろ接する少女漫画・歌謡曲に手首自傷はしばしば登場する。石毛は少女漫画に1973～2005年の間で16本，歌謡曲に登場

する手首自傷またはそれを暗示する曲は同期間に 35 曲あるとその具体例を示している（石毛奈緒子「自傷の文化史」『こころの科学』127, 2006）。このことから考えると，自傷の背景にあるマスメディアやユースカルチュアは無視できないことがわかる。

　学校という集団では，いろいろな伝染現象がおこる。過呼吸症候群はそのひとつで，ある中学校で夏のバレーボール大会終了直後に 1 人の生徒が卒倒したところ，周りの生徒二十数名が次々と倒れ，救急車が来るなど一時混乱した。

　かつてある小学校で授業後，コックリさん遊びに参加した児童が憑かれたようになり，その 1 名が卒倒した。教師の介入で短時間で沈静化したが，保護者がこれを取りあげ学校が紛糾した。

　ある工業高校でオートバイ免許を取得した者があり，その生徒がこれを自慢げに吹聴したこともあって免許取得年齢（16 歳）に達した級友が競って免許取得に走り，クラスが騒然となって授業どころではなくなった。

　この 3 例は学校における一種の伝染現象であるが，自傷行為はそれとはちがう。十分な根拠もなく自傷行為をファッション（伝染・流行）ととらえることは適切ではない。援助へのきっかけを失ってしまうからである。

(7) 保健室の対応

　自傷事例にたいして，特別な面接の技法があるわけではない。これに似かよった点のある自殺念慮の事例についてはその基本を記したので，それを参考にしてほしい。自傷事例について留意したいことを，それに付け加える。

①その生徒にそれまでに不審な欠席がなかったかどうかを，まず確かめる。この意義については拙著『欠席の研究』（ほんの森出版，1995）にゆずる。

②自傷した生徒が進んで保健室を訪れることは少ない。つまり本人が問題を提起することはない。他から勧められるか，強く指導されて不本

意ながら，しぶしぶ来室する。本人は自分に問題があるとも思わないし，そもそもその事実を隠しておきたいのだ。傷を見せないのが普通である。もしも傷を見せて，何か話し出したとすれば幸運，まず高いハードルを越えたことを意味する。それでも話しあいの内容がなかなか深まらないのは自傷者の特徴から理解できる。まず来室したことを評価し，面接が継続できるよう工夫する。

③これらの生徒にはうちあける辛さがある。彼（女）らに向かって「どうしてそんなことをするのか」「やったわけを言いなさい」では口をとざし，耳をふさがせることになる。血とか切るとかを聞けば一瞬怖くなり，あわててたじろぐかもしれない。「どうして…」と聞きたくなる。だが傷痕にふれられることは，心理的にも物理的にも本人にはまことに不本意なことである。ここで押し問答するのは無益，説得は無効，助言が受け入れられるとは思われない。

④彼らは親には内緒にしてほしいと求める。ここで面接する者の見識・見解が問われる。形式的に上司に報告するとか親に電話するというのでは工夫が足りない。

⑤本人を受けとめはするが，自傷は繰り返されること，エスカレートすると死に至る懸念があることはしっかりと伝える。これも面接が深まった後からの話，再度来室する日時が約束できるとよい。

⑥境界性パーソナリティ障害（DSM-IV-TR）の診断基準に自傷が加わったことから，自傷する者は境界性パーソナリティ障害であると短絡的にとらえるのは不適切である。ただし，自傷の中に稀に心の病が推測される例（ゴッホの耳切り）がある。専門医に相談する。

⑦専門医を紹介することを思いつくが，その前に保健室でいまできることを考えてみる。通院となれば当然親の承諾が要るし，保険証の問題がでてくる。自傷で救急病院に搬送されたケースでは多額の医療費が請求されることがある。

⑧自傷行為を教職員に理解してもらう努力を忘れない。このための研修プログラムは必須のものとなる。この理解しがたくみえる行為について，教職員とスムーズな連携活動ができるためには日ごろの実践のつ

み重ねが必要とされる。
⑨子どもの自傷行為は家族を巻き込み，混乱に陥れることがある。家族援助の原則に従う（前掲拙著『欠席の研究』第7章）。
　自傷事例の親の反応には，
・驚く人，怒る人，叱る人，あわてる人
・外聞をはばかって隠そうとする人
・子どもの行動におびえ一喜一憂する人
・「本気で死ぬ気持ちもないくせに」と挑発的なことばをかける人
・不問に付す人，取り合わない人，ほうっておく人

がある。自傷行為についての理解を深める話し合いが望まれる。
⑩スクールカウンセラーに持ちかけ，コンサルテーションを受けるとよい。自傷生徒にたいし，目立つんじゃない，意志が弱い，親が心配するなどのことばが全く無効であることがわかると思う。

(8) 自傷行為と電話相談

　電話相談（いのちの電話など）にリストカットをしたという本人から，またその家族から電話がかかることがある。
　本人のばあいは，さしあたって，今，電話をかけている状況をゆっくり確かめる。出血があればその手当ての方法を具体的に説明し，「それをしてから話そう…」ともちかけ，それが行われたかどうかを確認する。
　ついで，電話をかけるに至るまでの労をねぎらう（「まあ，よく勇気を出してかけてくれたのネ…」）。もともとは，援けを求めようとしない人たちである。「ボソボソ，ポツリポツリ」とした話し方が多く，沈黙の時間も少なくない。短いことばの中に真実がキラリと光る。傾聴する。
　電話相談は匿名で，直接対面することなく，しかも守秘が厳格に約束されていることが知られている。かけ手の自傷者にとって接近しやすいメディアのひとつといえる。
　一方，受け手は聞くや緊張する。そこで「マー，マー，待て待て…」と自分に言い聞かせながら，静かにかけ手のことばに耳を傾ける。神経症圏のものだ，統合失調症・うつ病かもしれない，最近話題の境界性パー

ソナリティ障害ではないかとさまざまなことばが浮かぶが，これらの診断名をもちだす必要はない。ひたすら素の人となって聴くことに徹すればそれでよい。電話では治療はできないのだ。

　終わったあとは，この事例を整理統計のどの項目に入れようかと迷う。それぞれの組織の分類法に従うことになる。これを緊急事例とするか，自殺志向の項目に入れるのか。冒頭の話題はたしかに自傷が主問題のようではあるが，話すほどに訴えの核心にふれると，自傷の問題ではなくなることがある。筆者は自傷の話がやがては生きる力の回復に連なった例をいくつか体験した。自傷の話はその前奏の部分であったのだ。このような事例は，話の終結部分に注目して分類したらよいと思う（p.100〜103）。

　なお，自傷はもちろん成人にもある。その例を簡潔に示す。
　わが手首　ぬぐはれているを　見ずわれは　救急隊員の　名札みており
　君を離れ　カッターナイフの　刃を沈めゆく　夜をともれる　街灯ひとつ　　　　　　　（大口玲子『ひたかみ』雁書館，2005）

(9) 文化の中の自傷

　世界の民族の中には自傷（身体変工，ボディモディフィケーション）の習俗をもっているものがある。ユダヤ民族の割礼については旧約聖書（レビ：12：3）に記述があるし，イスラム教にもこれがみられる。今日なお，アジア・アフリカの一部の民族の中にもそれが残っている。

　現代のわが国にも一部の集団に入墨（文身・刺青・黥）がみられる。自傷の中にピアスやイニシャル彫り，美容整形を加えれば決して珍しいことではなく，社会的に問題として取りあげられることはない。不良集団に根性焼きなるものがあり，中学生の中にも稀にある。いずれも身体変工とみられる。

　このようにかなり広く見られ，また習俗として定着している身体変工にはそれなりの意味がある。その主なものは通過儀礼（イニシエーション）としての身体変工である。この中には辛い・苦しい・痛い・ハラハ

ラするなどの体験が含まれている。つまりこれらの体験を経た者が晴れて一人前の成人として，大人社会に迎えいれられる。

　宗教の世界ではこれが厳格に行われ，つらい修行，断食，難儀の多い巡礼，村から離れて小屋にこもる，苦しい登山に耐えて頂上の神社に参拝するなどの行事がその例である。おそらくこれらの体験が人格形成に必須なものと考えてのことであろう。つまり公性（おおやけせい）をもっている（儀礼化・社会的承認）。また多くの通過儀礼の中には死と再生を象徴する過程が含まれている。

　若者の自傷行為をみるとそこにイニシエーションの片鱗と思われるものが含まれる感じがする。しかしそれがいかにも貧しいという印象がある。だがこれを奇矯だ，愚行だとだけ言って片づけるわけにはいかない。生きようとする姿がその中に垣間見られる。事実，重なる自傷行為から立ち直り新しい生き方を見つけた人を知っている。もちろん，立ち直りのためにはよい援助者を必要とすることは言うまでもない。たしかに病的な一面がありこれを無視することはできないが，まずは生きようとする力が歪んで表現された行動であると考えてはどうか。希望をもって事例に対応したいと思う。

　筆者の少年・青年時代には「傷つく」とか「傷つける」ということばをあまり使わなかった。傷つくとは（戦争で）負傷することをさしていた。今日ではなにかにつけ「傷つく」ということばが広く使われ，幼稚園児までもこれを口にする。傷つくことに過敏な時代が到来したと言うのだろうか。自傷行為が多発していると聞くとこんなことも考えた。以下，事例をあげる。

事例⑭：T　高校2年生女子 ── 解離症状

　Tは修学旅行から帰った翌日の深夜，2階の勉強室で，カミソリで手首を切った。悲鳴に驚いてかけ上がった父親は多量の出血を見て，近くの救急病院へ運んだ。医師の話では「数日間，安静のため入院してはどうか，適当な精神科医を紹介してもよい」ということだった。

　Tは小6の2学期から腎炎にかかり，中学校時代はずっと運動制限を

うけていた。高校では「要健康観察」の生徒としてチェックされていた。

　Tの家族は，会社員の父，パートに出ている母，それと妹の4人暮らし。同じ屋敷の別棟に祖父母が住んでいる。ごく普通の中流サラリーマン家庭である。家族内に特記すべき緊張はない。しつけは母親にまかされており，2人の間では時折口争いがある。

　母親が保健室の養護教諭に面談して事情が判明した。本人に対する面接も併行し，1か月で終結（筆者は養護教諭のスーパーバイザー）。

　Tの話のなかに，自傷に至る心境が述べられている。

　「…入学してから，なんだかモヤモヤした気分の日が多く，1日が暮れるのがなんとなく長い気がした。どういうのか，周りの人たちの動きや，友だちの話していることがピーンとこなくて，眠っているような日が多かった。なにか根無し草のような毎日で，これといって不満はないのですが，なんだか嫌気がさしてきました。こんな生活にはいつかケジメをつけないと，自分がダメになってしまうと思い，いろいろな方法を考えていました。いつかはやってみようというような気持ちがかたまりかけてきたのは半年ほど前ですが，それに誰も気づいていないことが，なにかむなしかったし，また怖い気持ちにもなって，結局はやめてしまいました。死のうというよりは，死んでみたいというのに近い感じでした。あの日は疲れていたし，クシャクシャした気分でした。ハッキリしませんが，ここでひと思いにやろうという気分になったのです…」

　話全体が霧に包まれたような漠としたものであり，具体的な周囲の状況の説明がないのが印象的であった。詳しく尋ねてみると，離人・解離的体験を思わせることばに出あう。

　Tは手首を切ったが，もちろん死にきれず，ふき出した鮮血を見てふと我に返り，思わず助けを求めたものである。

　Tにはこれ以前に自殺企図の体験はない。

事例⑮：U　高校3年生女子 ── 頻回化と過量服薬

　Uの家族は無口でまじめな職人肌の父親，饒舌なお人好しでUを溺愛する頭痛もちの母親，18歳で結婚した姉（別居），15歳の高校生の妹，

一風変わった祖父母という構成。家族の人間関係がいつもギクシャクし，緊張が高い。

Uは幼児期より心臓が悪く，小学校のころ入院したこともある。中学生になっても専門医の管理のもとに服薬を続けた。高校入学後，心臓発作で倒れ，専門医の治療を継続しながら，保健室で養護教諭のカウンセリングを受ける。家族や友人関係の問題が主題であった。心臓発作の背景にこれら人間関係からくるストレスがあることが推定された。

ある日，ささいなことから姉と口論となり，衝動的に近くの鏡台の上のカミソリで手首を切った。その場でただちにカミソリは取りあげられたが，これについて後日，本人は，自殺するつもりはなかったと述べている。

またある日，家で口論があり，母親が常用している睡眠剤を過飲。翌朝になり，起床時間になっても出てこないので，母親が部屋に入り，枕元の空瓶を発見，あわててゆり起こす。本人は後日「睡眠薬は20錠ぐらいでは死ねないね」という。

それからしばらくたったある日，恋愛関係で将来を悲観してひとり悩んだ。母親と妹が銭湯に行った留守に，パンティーストッキングを首にまいて締め，意識不明となる。ようすがおかしいのに気づいた父親は，本人の自室の錠をこわし，床に倒れているUを発見した。発見が早かったので，首に痕跡を残したものの一命をとりとめる。

ある日，自室のドアに「ただいまおねんね中，10時まで起こさないでください」と書いた紙を貼りつける。「あしたが楽しみだ」「おやすみなさい」と明るい表情で自室に入る。翌朝10時になっても物音もしないし，インターホンにも応じない。父親がドアを開けてみると，ベッドの下に血だまりがあり，意識不明でベッドに寝ているのを発見。救急車で病院に運ばれ，胃洗浄と縫合で助かる。本人の話では，自室に入って母親の鎮痛剤と鎮静剤を飲んでから，母親が前日購入したサシミ包丁で左手首数か所を切傷し，眠ってしまった。1時間ぐらい経ってから，自分の出血の状態を静かに確認し，「これなら死ねるかも」と思って再び眠ったと述べている。

Uは心臓発作を機に養護教諭と話しあうようになり，かなり深いレベルで接触ができていたが，常時，家族や友人関係をめぐってトラブルが絶えず，これが引き金となって衝動的に再三自傷と自殺企図を繰り返した。養護教諭は校長を含む指導のチームを作り，日ごろから連携のあった精神科医の援助を求めた。やがて父母と本人が医師の面接指導を受けることになった。専門医からは，死に対する離人症的な感覚がみられること，再企図の可能性が否定できないこと，家族内の感情の交流が乏しいこと，Uが心疾患のため過保護に育ち，現実認識の能力が十分育っていないこと，いつも病気が問題行動のかくれみのになっている，との指摘をうけた。

　Uはいま，2児の母として幸せな家庭生活を送っている。

事例⑯：V　高校1年生女子 ── 熱狂から沈静へ

　中学3年夏ごろから，甘いマスクの男性流行歌手のファンになったVは，高校入学とともにこれがいっそう昂じてきた。年額3,000円を払ってファンクラブに入会した。毎月送られてくるファンクラブの会報が待ち遠しく，これを仲間にも吹聴し得意になった。そしてしだいにエスカレートし，自宅をファンクラブ支部の事務局とし，各種の連絡で多忙な毎日となった。学習や部活動からは遠のき，成績も下降した。Vは，自分の学校にファンが増えないことから，自校を「おイモの学校」とくさし，ファンの多い他校の友だちと交際を深めるようになった。

　歌手の公演のスケジュールは会報によってわかる。Vはその公演先を追い，歌手の泊まるホテルを予約して，そこに仲間と泊まることもしばしばであった。

　このような生活態度の急変に驚いた両親は，担任，ついで相談係に相談をもちかけた。担任は，状況から判断して，校風になじまぬものとして転校を勧めた。相談係はそう病ではないかと考え，筆者に紹介してきた。

　Vは来談時にはファンクラブのユニフォームを自慢げに広げて見せ，歌手への熱狂ぶりを語った。ただVはファンとしての行動を除けば，

判断はおおむね常識的で，とりたてるほどのことはなかった。親は，精神科の診察を受けさせたが，そう病あるいはそう状態という所見はなかった。

　ある日，ファンクラブの連絡事務で終日電話を独占したことと，欠席が多くなったことで，こらえ切れなくなった母親は，Ｖの左手首をつかまえ是が非でも学校に出かけよと，Ｖを引っ張り出して車に乗せようとした。するとＶは，母親が触れた左手が汚れたといって，近くにあったやかんの熱湯を手首に注ぎ，かなりの火傷を負った。あとになって本人は，「そのときはまったく熱くも痛くもなかった。母の触った手首など溶けてなくなってもよかった」と語った。

　ファン的熱狂と興奮は４か月に及んだが，筆者はつぎのような「儀式」によって局面の転換を図る提案を行った。地元公演の折には心ゆくまで楽しませること，ファンクラブの規定内で最大限のプレゼント（特製アイスクリーム）を用意させること，楽屋での面会と握手の機会を与えること，空港で花束を贈って見送ること，これらを丁重に儀式として行わせた。するとＶは急速に熱狂から醒め，ごくふつうの学校生活に復帰した。

<文　献>
長岡利貞「手首自傷事例とその援助」『健康教室』第407集, p.41～52, 東山書房，1984
林直樹『リストカット―自傷行為をのりこえる』講談社現代新書，2007
松本俊彦『自傷行為の理解と援助』日本評論社，2009
松本俊彦『アディクションとしての自傷』星和書店，2011
林直樹編「自傷行為」『こころの科学』127, 日本評論社，2006
クローディーン・フォックス／キース・ホートン『ハンドブック青年期における自傷行為』東眞理子訳，明石書店，2009

Ⅵ章

「いじめ自殺」を検討する

1 子どもの世界といじめ

(1) 南ドイツの田舎町で

　ヘルマン・ヘッセに『デミアン』(1919) という作品がある。それは次のような物語で始まっている（高橋健二訳，新潮文庫）。

　シンクレール少年（10歳 ── 私）は南ドイツの小さな町のラテン語学校に通う。町には暗い路地や明るい路地，家々と塔，時計の音や人の顔があった。家には住みごこちよく，秘密とお化けに対する深い恐怖に満ちた部屋があった。家族は父と母，姉が2人，それにメイド，慎ましくかつ敬虔なプロテスタント牧師の一家。愛と厳格，模範と教え，なごやかな輝きと明朗さと清浄さ，穏やかな親しみのあることば，洗われた手，清い着物，よいしつけ，こんな世界に私は育った。

　授業のないある日の午後，私はクローマー少年（13歳 ── 彼）に出会う。彼は仕立屋の息子で父は酒飲み。大人の挙動，若い職工の歩きぶりや物の言いようのまねをする。父が聞けばもちろん，付き合いを止めさせるにちがいないような相手である。私が初めて知った世界に住んでいる人である。彼は私をくずやかけらや，がらくたやさびた針金のある橋の下にひっぱっていき，そこで鉛・しんちゅう・すずを集めさせ，それらをポケットにいれる。彼はありったけの自慢話をした。私は彼が恐かったので，いわれるがままそこで私が夜中に林檎泥棒をしたという心にもない作り話を披露した。それが不幸の始まりだった。すると彼はそれはほんとうかと質し，そうだと答えると，これをタネに私をおどした。盗んだ奴を教えたら林檎園の持ち主が2マーク出すと言っているという。窮した私は持っていたナイフと銀時計を差し出すが，彼は満足せず，ともかく2マークを放課後に市場の下に持って来いとおどした。

　彼の要求にこたえるには家の物を盗るほかない。すると自分は犯罪者になる。家で信頼を失う。激しい罪悪感がこみあげる。私は「おぼれ死

んでしまおうか」とも考えた。そこではじめて私は死を味わった。死の味は苦かった。もちろんこのことは家族のだれもが知らない。なぜ父の教えに従わずに彼に従ったのか。なぜ盗みの話をこねあげたのか。私は「我が家の世界にまったく知らない影を持ち込んだ」と悔いた。そのときは私はいっぱし，男らしく英雄の役を演じた。そしてその結果おこることを忍ばねばならなかった。父に打ち明けようかと思ったが，できなかった。彼らの仲間に入るか家族を取るかの岐路に立たされた。「自分の幸福な生活が過去のものとなり，自分から離れてしまったのをこごえる心をもってながめずにはいられなかった」。夜は眠れなかった。

　朝，おかあさんが急いできて，「もうおそいんですよ，なぜまだ寝てるんです」とどなったとき，私の顔色は悪かった。そしてどこか悪いのかときかれたとき，私は吐いた。それで学校を休んだ。しかし11時にはお金をとどけねばならぬ。そこで，母の部屋に忍びこみ貯金箱を取出し，その薄いブリキの格子を破った。貯金箱は自分のものだが，盗んだことにはちがいない。それには65ペニッヒしかはいっていなかったが，ともかくそれを握って家をでた。私はそのときいじめっ子の世界に近づき堕落していくのを感じた。

　もちろんそれで彼が満足するわけがない。彼の要求は執拗である。「名誉を尊ぶ男のあいだには秩序がなければならん。正当でないものをおまえから取ろうとは思わんぜ」というのが彼の言い草である。足りない分，口笛を合図に持ってくるよう，数週間にわたっておどされた。その間中，私は使い走りをさせられたり，十分間片足ではねたり，通行人の上着に紙くずをくっつけたりすることを命令された。それで幾夜も夢の中で苦行を続け夢魔の汗の中に寝た。そして病気になった。たびたび吐いた。このときほど，難儀が胸に迫ったことは少なく，それほど大きな屈従を感じたことはなかった。

　貯金箱にはおもちゃのお金をつめて，もとのところにおいた。いつ分かるかと，とくに母に対して恐れをいだいた。寝汗をかいたことから，母がうすうす気づき，やさしくしてくれたが，信頼をもってこれに答え

ることができず，この同情がかえって私を悩ませた。母は医者を迎えた。医者は毎日冷水摩擦するよう処方した。そのころの私の状態は一種の精神錯乱だった。自分の家の整然とした平和の中で，私は幽霊のようにびくびくと悩ましい日を送った。しばしば腹をたてて詰問した父に対し，私は口をつぐんで冷ややかに構えた。これらの事情は父にも母にもとても説明できるものではない。聞いていたわってくれたり同情を寄せてはくれるが十分には分かってはくれず，その全体が運命であるのに，一種の脱線としかみてくれないだろう。11歳にもならない子どもがそんなふうに感じるなどと知る人はないと思う。

　まだいじめがつづく。彼にはお金のかわりに，お菓子を2きれかすめて持っていく。彼は笑ってそれを受け取ると，かわりに湿ったタバコをすすめる。するとこんどは姉さんをつれてこいなどという。だめだと答える。彼はいつも難題をふっかけ，私をおどし，屈服させておいて次第に値引きする。そういうとき私はいくらかお金をやるか，ものをやるかしてわが身の自由を買い取らねばならなかった。私は子どもだったが，少年少女はいくらか年がいくと，なにか秘密の忌まわしい禁じられたことをいっしょに行うものだということを知った。

　ちょうどそんなころ，年上のデミアンに出会い，大きな影響を受け，彼に救われる。

　私は突然悪魔の網から解き放たれ，世界が再び明るく喜ばしく眼前に横たわっているのをみた。そしてもはや不安の発作や息詰まる鼓動に圧倒されることはなかった。私はいつもの生徒になった。私の罪と苦悶の長いできごとは，外見上なんの傷あとも印象も残さずに，驚くほど早く記憶から脱落しさった。そして私は世の中の小みちを歩こうと試みたが，道は私にとってあまりに足を踏みはずしやすかった。親切な手（母）のふところと，囲いのされた，つつましい子どもの温床にもどってきた。私は実際以上に幼く，依存的に子どもらしくした。クローマーへの従属を新たな従属をもって補わねばならなかった。私はひとり歩きができなかったのだ。（要約）

(2) シンクレール体験を分析する

　『デミアン』はヘルマン・ヘッセの自伝的な作品で，南ドイツの田舎町で過ごした少年時代の体験をもとに書かれている。この作品はこの時の体験が彼の人生に大きな影をおとしていることを示している。ここに述べられているエピソードは，おそらく大なり小なり多くの少年たちが共通に体験するので，子どもの世界の「影」の部分といえる。これを素材に検討しよう。

① シンクレールとクローマーは，それぞれカルチュアの違った家庭に育った。考え方・行動様式・しつけ・価値観，いずれも違っていた。シンクレールは，いままで知らなかった別の世界を発見し，それに驚き，多少の好奇心を抱いた。10歳といえば家族を離れたところで新しい友だちをつくりたい気持ちが目覚めてくる年である（家族のカルチュアの問題，思春期的な心性の芽ばえ）。

② クローマーはこのシンクレールに目をつけ，校外の人目のつかない橋の下に連れ込み，下働きさせ，利益をまきあげた。さらに自慢話で圧力をかけた（脅迫 ── 力と支配の誇示）。恐くなったシンクレールは，クローマーの話に乗せられて盗みの自慢話をつくった（冒険・空想・秘密の３つは少年期特有の心性）。子どもの世界にはなんらかの「盗み」の話題がつきまとう。まんまとクローマーの術中にはまった彼は，その手下にされてしまった（義理人情・徒党集団への憧れ）。

③ クローマーは言質を取っておいて，林檎の持ち主から犯人を教えたら２マークもらう約束があるとたたみかけた（いじめる子に知的な問題があるのではない，頭がよいのだ）。うぶなシンクレールはそういった相手の世界にはまったく不案内，これにつけこまれて脅されている。子どもは子どもなりにお金を必要としている。思春期のいじめにはお金がからんでいる。お金は彼らが初めて他人と接する時の身近な価値だからである。

④ シンクレールは「これははめられた」と気づくゆとりもなく（いじめられる子の無知・無防備，社会的経験の不足，よい子の弱さ，お人好

し），強力な要求（恐喝まがい）に困り果て，どうしてよいかわからなくなる。その場で持ちあわせていた「もの」を差し出すが，どうしても「金」を持って来いと言い（いじめの執拗さ・継続性），その場所と時間を指定する（相手を約束でしばる）。

⑤はじめて接した世界にシンクレールはどうしてよいかわからない（いじめられっ子の視野の狭小化）。仲間との約束と家族との信頼関係という二者択一の状況に追い込まれる。反省・悔悟・自責の念で意気消沈し，強い罪悪感にさいなまれる。眠れなくなり「死」さえ考える（ストレス・うつ的な気分の中の自殺念慮）。「吐く」など身体症状があらわれる。さらにこのことを父に言い出せなくて悩む（子どもの秘密，孤立無援感）。まさにシンクレールは危機にたった。

⑥クローマーとの約束に応えるため，ついに窮して盗みをする（追いつめられた状況下における家族内の盗み）。家族と仲間を天秤にかけるが，仲間のほうを選び，その関係の中に巻き込まれる。相手の要求もいっそうエスカレートする。お金がとどくまでいたぶられ続ける（いじめに歯止めはきかない）。クローマーには彼なりの理由づけ（強者の論理，盗人にも三分の理）があり，いじめる子は言い逃れがうまく，見逃されやすい。いじめられっ子は反駁できない状況に陥る。これほど攻撃されれば，からだが反応し，ついには親も気づくようになる（心身症化）。

⑦最愛の母にこのことが内緒であることがまた，シンクレールをいっそう苦しめる。やさしくしてくれるほど，良心の呵責に悩む。この苦しみはだれもわかってくれないと思い込む。医者もそこまでは見抜けない。家族との会話も少なくなり，父との関係もますます悪化していく（息子と父との葛藤）。「精神錯乱」といったのも無理もない（いじめにともなう不安障害）。

⑧いじめる子にとっていじめは「おもしろい」ことでもある。脅しや命令ひとつで相手を思うがままに操ることができるからだ。ちょうど電気仕掛けの玩具のように，人が命令ひとつで動くのだから，それは痛

快なことだ。サディスティック（加虐的）な攻撃性が満足される。つぎつぎと難題をふっかけて，相手が困り果てるのをみていて楽しむのだ（いじめの遊び化，いじめの長期化）。

⑨やがてシンクレールは年上のデミアンに出会うことによって，考え方は大きく成長する（理想的自我との出会い）。自分が自立していない人間であることに気づく（解決の端緒としての友人，自己洞察）。この少年時代のいじめられた体験がやがて思春期の危機克服にも力となり，その後の人生に少なからず影響を与えたものと考えられる。

以上が，少年期から思春期にかけてのいじめの「原型」ともいえる物語である。デミアンとの出会いとその後の成長については，『デミアン』の第3章以下に述べられている。南ドイツの田舎町のこの物語はいじめについて多くのことを教えてくれる。

2 学校の中のいじめ

(1) いじめということば

子どもの自殺と学校がかかわりがあるとする指摘はすでに述べた。今日，子どもの自殺といえばいじめが原因という見方が一般化した。

「いじめ」ということばは，今日でこそ普及しているが昔はそれほど使われなかった。『広辞苑』3版および『岩波国語辞典』の5版にはこれが見出し語として収載されておらず（「いじめる」はある），小学館の『日本国語大辞典』(2000)には「いじめ：このごろ特に学校において弱い立場の生徒を肉体的・精神的に苦しめる陰湿化したいわゆる校内暴力をさす」と示され，「このごろ」とされている点と，校内暴力の一部ととらえられている点が関心をひく。このことばが時代の背景に強く影響されていることを示している。

日本の事情を外国に紹介した英文の"JAPAN：An Illustrated Encyclopedia"（講談社，1993）にはいじめを「一風変わった子どもに対す

るオストラシズム（Ostracism）陶片追放」と解説している（漢字の「虐」は虎が爪でひっかくという会意文字）。

　英語圏では昔からいじめはViolence（暴力）のひとつとしてとらえられ，School Violence（学校暴力）の中に一括されてきたが，今日ではBullyingというやや古めかしいことばが使われている。このことばに公式な定義（お墨つき）を与えようという動きはない。どうもいじめの問題は，今日的な日本の社会の状況とかかわりがあるようだ。いじめという「やまとことば」がそれを表している。最近ドイツには＜Ijime＞として紹介され，これをキーワードにして，日本の教育を分析しようという試みがある。文部科学省でもいじめの定義が改訂された。文部科学省は従来のいじめ調査項目に「嫌なことや恥ずかしいこと，危険なことをさせられたりする」と「パソコンや携帯電話でひぼうや中傷や嫌なことをされる」を新たに追加した。まだどんな新手のいじめが出てくるかわからない。子どもの世界の問題がいまなお揺れ動いていることを示している。

　筆者は欧米に「いじめ自殺」の語があるかを見るために，英語圏の子どもの自殺に関する報告や著書数冊を調べたが，Glen Evans and Norman L.Farberow：Encyclopedia of Suicide. 2004（訳『自殺予防事典』明石書店，2006）には，かろうじてBullycide（いじめ自殺）の見出しがみえる。直訳すれば「いじめ殺」ということになる。そこには「いじめを引き金にする子どもの自殺。この語はニール・マーとティム・フィールドがその著書"Bullycide；Death at playtime"で使った造語である。いじめ被害者がうつ病や自殺行動のリスクが高いとみとめられ，これがますます増加している」と簡潔に記している。いじめをうつ病や自殺行動にかかわらせて述べている点が注目される。もちろん日本の状況にはふれられていない。

(2)「子供至上論」

　平凡社を興して出版界に大きな足跡を残した下中弥三郎（1878〜

1961）は小学校教師の体験がある。当時，大正自由主義思想の流れに棹さして，大いに論陣をはった。『子供至上論』（1904）を著し，その中で子どもの自然の姿を重んじ，その表現の自由や権利を主張した。今日の視点からいえば別に取り立てていうほどのことではないが，当時としては革新的であった。大正デモクラシーの流れの中で，児童中心の思想がそのころの学校教育の中に流れ込み（大正自由主義教育），童謡・童画・童心の語もうまれ，童話や昔話がひろく話題になった。『子どもの世紀』（1890，エレン・ケイ，1849～1926）の到来を告げるがごとくであった。北原白秋（1885～1942），西条八十（1892～1970），野口雨情（1882～1945），鈴木三重吉（1882～1936），サトウハチロー（1903～1973），それに山田耕筰（1886～1965），中山晋平（1887～1952）らはこれにかかわった人たちで，私たちにもなつかしい名前である。

　その中の一人，北原白秋の作品に「金魚」という詩がある。

　　金　魚
　　母さん，母さん，どこへ行た。
　　　　紅い金魚と遊びませう。
　　母さん，帰らぬ，さびしいな。
　　　　金魚を一匹突き殺す。
　　まだまだ帰らぬ，くやしいな。
　　　　金魚を二匹絞め殺す。
　　なぜなぜ，帰らぬ，ひもじいな。
　　　　金魚を三匹捻ぢ殺す。
　　涙がこぼれる，日は暮れる。
　　　　紅い金魚も死ぬ，死ぬ。
　　母さん怖いよ，眼が光る，
　　　　ピカピカ，金魚の眼が光る。

　　　　　　　　　　（『北原白秋全集』第25巻，p.28）

　童心をうたったとされる白秋にこんな詩がある。なお斎藤茂吉（1882～1953）に

ゴオガンの自畫像みれば　みちのくに　山蠶（やまこ）　殺しし
　　その日おもほゆ　　　　　　　　　　　（斎藤茂吉『赤光』）

がある。最上川の上流，蔵王山の麓に少年時代を送った茂吉の体験である。一見可憐な子どもの中にも，このような情念（嗜虐性）がひそんでいる。子どもの中に「悪」をみるという論議は日本ではなぜか不評である（河合隼雄『こどもと悪』岩波書店，1997）。いじめ事例を聞くたびについこのことを思いうかべる。子どもは神聖どころではない。このような一面をももっており，子どもの嗜み・加虐性という問題に遡って考えてみる必要を感じる。

(3) 学校文化の中のいじめ

　学校は文化伝達の場であり，子どもが集まる場でもある。子どもたちが教師（学校）と出あい，そこでは両者の間に同一化・対立・衝突がおこり，緊張もみられる。その場を図示すると図4となる。

　教師と子どもを横軸にとり，それぞれの志向を矢印で記し，別のものと仮定した。学校や教師の指導と子どもたちとの緊張関係の状況を，左より（教師），中間，右より（子ども）の線上におくと，これで学級の雰囲気の違いを知ることができる。それに，もうひとつ次元を増やして縦軸に「ゆとり」をとった。この線を解説すると，上方向は強迫的ではないこと（ゆったり，おおらか，こだわらず）を示し，下方向は強迫的であること（ギスギス，神経質，不安，完全欲，こだわり）を指している。かつての日本の学校構造は多分に強迫的であった。「キチン・キチン，テキパキ，サッサ」を繰り返えす担任の学級経営や生徒指導の姿勢がそれである。整然・統一・秩序という教師的な視点が強調されやすく，書字指導では横線は等間隔（もちろん楷書）であることが強調される。それが相応に効果があるので，これが暗黙の内に学校を支配してきた。これの見直しを求めたのが「ゆとり教育」で，最近ではその再検討の声があがっている。

　それはともかくとして，第Ⅰ象限が前面に出れば明るい教室・楽しい

学校となるし，多少騒がしくなるが，子どもは生き生きとしている。第Ⅱ象限は同様，いっそう教師側に同調的（指導が行き届いているとされる）で，よい学級と評価される。それに対し第Ⅲ象限は教師の指示に従順で，そこそこの成果はあがるかもしれないが，あまり自発的な行動がなく，指示待ちの態度になりがちになる。もし教師による押しつけがあれば，そこにストレスフルな状況が生まれるのは避けがたく，時にかくれたいたずらや意地悪な行動も出てくる。騒がしくはないかもしれないが，見えないところで問題がでてくる。第Ⅳ象限は，指導が及ばないと子どもがひっかき回す教室の状況がうまれ，いわゆる「荒れ」た学級になる可能性がある。陰湿ないじめや，ぬすみ，けんかなど問題行動が多発するかもしれない。いじめ問題を考えるに当たっては，まず，その背景となる学校文化を検討することが求められる。いじめを「こどもの文

図4　学校と子ども

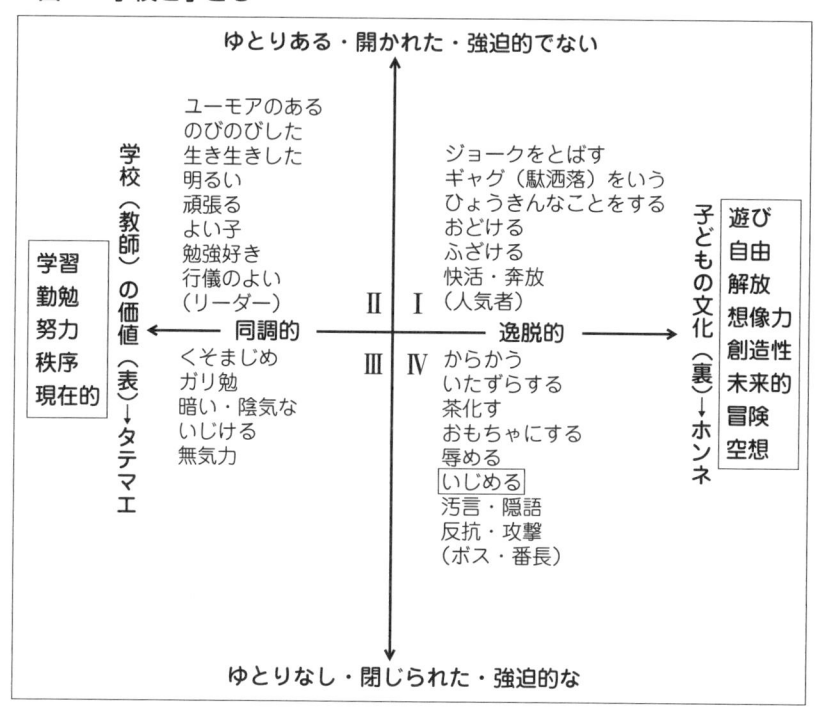

```
                    ゆとりある・開かれた・強迫的でない
                              ↑
        ユーモアのある
        のびのびした              ジョークをとばす
  学    生き生きした              ギャグ（駄洒落）をいう
  校    明るい                   ひょうきんなことをする     子
  （    頑張る                    おどける                ど
  教    よい子                    ふざける                も
  師    勉強好き                  快活・奔放              の  遊び  
  ）    行儀のよい                （人気者）              文  自由
  の    （リーダー）                                       化  解放
  価              同調的      Ⅱ │ Ⅰ    逸脱的              想像力
  値    ←――――――――――――――┼――――――――――――――→    （  創造性
  （                         Ⅲ │ Ⅳ                      裏  未来的
  表    くそまじめ               からかう                ）  冒険
  ）    ガリ勉                   いたずらする            →  空想
  ↓    暗い・陰気な             茶化す                  ホ
  タ    いじける                 おもちゃにする          ン
  テ    無気力                   辱める                  ネ
  マ                            いじめる
  エ                            汚言・隠語
                                反抗・攻撃
                                （ボス・番長）
  学習
  勤勉                          ↓
  努力              ゆとりなし・閉じられた・強迫的な
  秩序
  現在的
```

化の一部」と位置づけるシャープ・スミスの説（1996）を興味深く思う。

　与謝野晶子（1878〜1942）は小学校4年ごろいじめられた。その体験を，自伝的作品『私の生ひ立ち』（『与謝野晶子児童文学全集』春陽堂書店，2007）の一節，「狐の子供」の中にあざやかに記している。晶子は第Ⅲ象限の中にありながら，担任の指導もあっていじめ地獄から脱出した物語と読むことができる。

3　学校と自殺

　長く学校は，自殺とは全く無縁な所と考えられてきた。たしかに，小学生の自殺はごく稀である。けれども子どもたちの日常の会話の中で「死んでやる」「死ね」「殺す」など乱暴な言葉はごくありふれたことで，これを子どもの悪口・悪態のひとつと考えることもできる（p.175〜）。これは見逃すことのできない子どもの現象と考える。年齢が低いほど，自殺にかかわる家族の要因が大きいといわれているが，子どもたちのもうひとつの生活の場である学校が無縁というわけではない。今，子どもの自殺は教育問題として取りあげられているが，このことは決して新しいことではない。すでにヨーロッパではこれが問題とされてきた。時代順に追ってみよう。

　ドイツ人ベアー（Bear）は学校教育に関心の強かった医師である。彼の論文の中には，Schulerselbstmord（直訳すれば学校自殺）ということばがみえる（1901）。
Q　「学校が児童の自殺に感作を及ぼすや否や」
A　「学校生徒の自殺は，学校自己に責任あり」
という文を掲げ，児童・生徒の自殺の原因としての学校を取りあげ，その原因として刑罰を恐れて（叱られて）／試験を恐れて／落第を嘆いてを指摘し，農村よりは都市に多いことを述べ，精神障害は10％であるといっている（三田谷啓の紹介による）。

革命家レーニンの妻クルプスカヤ（1869〜1939）は，わが国では生徒自治と集団主義教育の提唱者として知られているが，彼女は革命前ロシアの暗い学校状況から，ロシアの子どもの自殺の増加を，ロシアの文部省の報告をもとに論じている。その原因として，彼女はまず試験地獄を指摘し，悪い評価，試験の失敗，除籍，親からの叱責の恐怖，失恋，家族の不和をあげている。そして，

　「子どもたちはひどく不幸であること，堪忍袋の緒をたちきるにはしばしばほんのささいな動機で十分であること，彼らを人生につなぎとめておける何ものもないということ，親や教師や友だちに囲まれていながら，彼らはひどく孤独であること，周囲のものが子どもの内面の世界にはまったく関心をはらっておらず，また彼自身とても，誰とも親しくすることができず，そうするすべも知らないので，すっかり自分の中に閉じこもり『宿なく寄るべなく』人ぎらいになってうろつき歩き，自分は不幸な，余計な，誰にも無縁な人間であるということだけである」（クルプスカヤ「生徒のあいだの自殺と自由な労働学校」『クルプスカヤ選集1』矢川徳光訳，明治図書，p.15〜24，原著は1911）。これはまさに子どもの自殺と学校についての古典的記述といえる。今日，日本の子どもの自殺とは状況が異なってはいるが，基本部分は共通していると考えられる。

　大正期の学校保健の先駆者に，三田谷啓（1882〜1962）がいる。彼はすでに「学校と自殺」を論じている。その著『学童保健』（1923）の中には児童の自殺が取りあげられているし，『児童と教育』の中にも「児童の自殺の原因は種々あれど，原因と動機を区別することを必要とす。多くの場合誘因が真に真因と見做さるる傾向にある」と注目すべき発言をしている。そして原因をさぐれと述べ，病人と同様に扱うこと（彼は子どもの自殺例に精神障害の多いことを指摘）をすすめ，指導の具体的方法として，

　早熟せざることを期すべし／アルコールを避ける／風俗悪しき少年の団体に児童を近づけず／害悪の読み物・娯楽を遠ざけるようにし，指導

の心がけとして，児童の名誉を傷つけざるよう／怒った時も一方的に抑えつけるな／身体を抵抗力に富むようにする。／精神力を養う／意志強固ならしむべし（近頃意志薄弱のものが多いのは教育に責任がある。）などを論じている。大正風の主張が随所に出ていていろいろ考えさせられる（三田谷啓『児童と教育』『文献選集　教育と保護の心理学　明治・大正期　第 11 巻』クレス出版）。

　自殺への考察が少しずつ深まってきている。

> ### コラム　明治の青年自殺論
>
> 　わが国では，すでに明治期に教育の問題として自殺が取りあげられていた。『教育大辭書』（同文館，明治 41 年）は当時の先進的な教育思潮を紹介したもので，広く普及した標準的教育書である。その中の児童心理学の項目に自殺についてつぎのような記述がみられ，当時（明治期）の教育界の自殺観がうかがえる。
>
> 　「…自殺も亦青年期に現るる恐るべき現象なり。蓋し，青年期は主観は迅雷風烈の変を来たす時なれば，抵抗力の弱きものは其の刺激に堪へずして，精神の錯乱を来たすが，否らざるも，かの強烈な情熱に駆られ，自ら命を絶つに至るなり。懐疑心の強大にして，宗教も哲学も彼らの疑問に満足を与うるに足らざる時は，日夜煩悩に煩悩を重ね，終に父母を棄て，親戚朋友を棄てて，自刃一閃無窮の眠に入るものあり。或は家庭の紊乱を目撃してその苦悩に堪へず，一片の遺書空しく銃弾の煙と消ゆるものあり。或は試験の不成績を憂悶し，万斛の憾を飲んで，水に投ずるものあり。是等は各個人の稟賦と境遇と，相待ちて生ずる悲惨なる事例なるが，其裏面には愛情の関係ある場合多し。蓋し恋愛は青年期に於ける熱情の中心たるものなれば，此の情の傷害は最も大なる影響を与ふるものなり。自殺は各人の稟賦に由ること，他の罪過に比して一層多しと雖も，是

れ亦前各期より注意して教育すれば，之を救い得ざるに非ず。就中身体の鍛錬特に必要なりとす」(高島平三郎執筆)

　この本が発行されたのは，1908 (明治41) 年。その前年 (1907) には藤村操の自殺が天下に衝撃を与えていた。やがてこのような青年の自殺を「哲学的自殺」(欧米にはこの語はない) と呼ぶ論評があらわれ，これがわが国の青年史のひとつのエピソードとされた。この項の執筆者は自殺に青年の「心理」から迫ろうとしていて，思春期危機説を先取りしたかの如くとても斬新である。青年の自殺には背景があること，家族関係がかかわること，恋愛にも関連があることとされている。当時，青年の自殺はもっぱら「親不孝」の一語で片づけられていたが，この世論に抗って，この説を立てたことは画期的といえる。やや古風な文体だが，明治的な美意識を反映している。さらには自殺予防の方法として，身体の鍛錬に言及されている点もとても興味をひく。ともかく100年も前に，わが国でも自殺を教育の問題とみるこのような文が書かれていたことに注目したい。

4 「いじめ自殺」

　わが国にはいじめと自殺に関して苦い歴史がある。いじめが死を招く事件は1975年 (新潟県定時制生徒) にはじまり，1985年 (青森県中学生)，1986年 (東京都中学生)，1994年 (愛知県中学生)，1995年 (福岡県中学生)，1996年 (新潟県中学生)，2011年 (滋賀県中学生) などがそれだ。ひどいいじめを体験した子どもが「死」を思うことはすでにp.136〜でふれた。シンクレール少年もいじめられた苦しみを，最愛の両親にも言うことはできなかった。いじめにあってその結末が死に終わることはありうることである。外国でも「いじめられた子どもが，自信

を喪失し，しばしば自殺を唯一の解決手段とみなすことは驚くことではない」（ダン・オルウェーズ『いじめ こうすれば防げる —— ノルウェーにおける成功例』川島書店，1995）と書かれている。

表1　1960～70年代の「中学生の自殺」記事の見出し一覧

2.23	中学生，責任感じ自殺　不注意から母校を焼いて…
2.28	中学生，飛び込み自殺　過度の試験勉強がたたる
3.24	授業料滞納で自殺　女子中学生，踏切で飛び込む
3.31	女子中学生が入水自殺？
4.5	中学生，飛びこみ自殺
4.25	自殺のまね？で死ぬ　女子中学生，タンスで首つり
7.4	12歳の少年が自殺図る
7.6	12歳の少年と無理心中？　高知で若い漁夫
9.3	中学生が爆薬心中，病身の男に同情して？　片瀬の旅館
2.11	教室で服毒自殺　受験疲れ，女子中学生　川崎
2.25	あすの入試を前に，中学生ガス自殺　ドモリで面接を苦に？
3.10	定時制に行かねばならぬと女生徒自殺
3.18	中学生が自殺　学校の屋上で
9.2	女子中学生，自殺図る
11.11	家出の中学生，上高地で自殺
12.19	施設の中学生自殺　同室の子にけがさせて
2.12	中学生が心中図る　マイト爆発させ重傷　神戸
3.13	鉄路に散った2少女　室蘭で同情心中
7.1	中学生，飛込み自殺
7.3	中学生が自殺　心理テスト気にして
12.17	ボーナス日曜日　デパート狂騒曲　また飛降り自殺　上野松坂屋　通行人一瞬命びろい　入試疲れの中学生，松坂屋の飛降り自殺者
2.4	「不合格」の午後自殺　川崎・さいか屋屋上から中学生が飛降り
2.15	中学2年生が自殺
3.1	中学生が首つり自殺　埼玉・かけごとでケンカ
3.7	合格発表前に中学生自殺　浦和
3.8	阿蘇で自殺　東京の中学生
5.3	中学生が自殺　青森
8.7	楽しいはずの夏休みに…死を選んだ小中学生　補習授業をきらって

	1. 8	始業式の朝，鉄道自殺　成績苦に？　中学生が自殺　東武線
	1.23	女子中学生　飛込み自殺
	3. 4	少女が入水自殺　入学試験の失敗を苦に？
	5.21	こづかい足りぬと自殺　愛知　修学旅行前に中学生
	9.23	自殺中学生の父を捜す
	11.25	特急に向かい仁王立ち　受験を苦に？　中学生が自殺　東武線

表2　1980〜90年代の「中学生の自殺」記事の見出し一覧

	9.26	中3男子，現金要求，暴行などのいじめで自殺
	11.20	中2女子，いじめに加わるのを強制され自殺
	12. 9	中2男子，いじめ苦に自殺
	2. 1	中2男子，葬式ごっこなどいじめで自殺，両親が行政，同級生の両親相手に提訴
	2. 3	中2男子，暴力いじめで自殺
	3. 6	中2男子がいじめ苦に自殺
	8.12	いじめを苦に自殺した中3男子の遺族が相手の両親，市相手に賠償請求訴訟提訴
	4.23	中2女子，いじめ苦に自殺
	6.17	中3男子，いじめ苦に自殺
	12.21	中1女子，いじめ苦に遺書残し自殺
	1. 2	中3男子，現金要求，暴行などで自殺，両親町相手に提訴，岡山地裁「予見不可能」と請求棄却
	12.26	福島地裁，60年いわき市の中学生自殺訴訟で市に賠償命令
	9. 1	中2女子，いじめ苦に自殺
	11.21	同学年の暴行受けた中3女子死亡，4人逮捕
	12.27	市教委，いじめ自殺した中1女子の親の請求に対し調査報告書を一部開示
	2. 4	中2男子，リンチで死亡
	5.29	中3男子，いじめ仕返し下級生刺殺
	9.17	小6男子，悪口などで自殺
	1.13	中1男子，暴行受けマットに巻かれた死体で発見される
	1.25	中3男子がいじめ苦に自殺
	3. 2	中2男子いじめ（？）苦に校内で自殺
	4.17	中3男子，プロレス遊びのいじめで死亡
	5. 6	高1男子，いじめ苦に自殺，両親提訴
	5.27	中2男子，いじめ苦に自殺
	11.20	中2男子，自殺，通夜にいじめを告白した部活動同僚生徒の寄せ書き届く

3. 2	最高裁，マット死事件で3少年の保護処分再抗告棄却「有罪」確定
5.20	中野区事件訴訟控訴審，東京高裁，都などに賠償命令
5.30	いじめ告発メモ残し中3男子自殺
6. 3	高1男子，いじめ苦に自殺
7. 5	いじめ告発メモ，中3男子自殺
7.15	中2男子，いじめ（?）苦に自殺
8.26	高2男子，現金要求などで自殺
9. 5	いじめ（?）苦に中2男子自殺
11.14	暴行した中3男子が自殺
11.27	同級生の現金要求など苦に自殺
12. 9	文部省，いじめ問題で8年ぶり専門家会議
12.13	いじめ問題に関する初の閣僚会合で，首相が対策を要請
12.14	中3男子，級友に無視されたと自殺
2. 5	中2男子，いじめ苦に飛び降り自殺

　表1，表2を見れば明らかなように，1980年代になると突如いじめという見出し語がふえてくる。これはどうしたことか。武田さち子『あなたは子どもの心と命が守れますか！』（WAVE出版，2004）は「（いじめ）で被害者が死に至ったり，障害を負ったり，PTSD（心的外傷後ストレス障害）を発症したり，不登校になって転校や退学を余儀なくされるなど，被害者の将来にまでも大きな影響を与える重大な件」を96件集めたものである。これはいじめによる自殺事例が増加の傾向にあることを指摘したものと解されるが，2つの表は自殺事例をいじめと関わらせて報道する傾向の強化と読むことができる。ともあれ，「いじめ自殺」は新語である。

　ちなみに2010年はいじめ自殺と報道された事例が多かった。3月に東京（中2，女），鹿児島（中2，男），栃木（中2，女），5月東京（中3，女），6月神奈川（中3，男），8月大阪（小3，女），兵庫（中2，女），9月東京（中1，女），愛知（中3，男），東京（高3，女），静岡（中1，女），10月群馬（小6，女），11月兵庫ほか，福岡，千葉，北海道，東京など。いずれもいじめをめぐる自殺とされた。

5 O君事例と波紋

1. 事件の経過

(1) 自殺に至るまで（小学校〜1994年11月27日）

小学校（1987〜92）
・2年生：学区内の中学校2年生男子の自殺事件あり。大きくは報道されなかった（遺書なし）。
・5年生：（O君をいじめた）仲間のお菓子の万引き事件発生。
・6年生：いじめられはじまる。テレビゲームが好き。ソフトがでると真先に買う。成績上位。
　担任評「思いやりにあふれた純朴な優等生」。

中学校（1993〜94年11月27日）
・1年生：成績は学年で10番以内。いじめグループ11人が3年生の問題生徒と交流。
　3月，O君の家で同級生とプロレスごっこをする。生活ぶりが変わる。遊ぶ友だちが変わる。
　家でお金がなくなりはじめる。
・2年生：4月，担任教師（女性，26歳）は小学校から転勤，理科担当。学級訓は「希望」。
　＜4月6日＞
　　同級生と家でプロレスごっこ。
　＜4月8日＞
　　O君，同級生に指示されて殴打事件。
　＜4月11日＞
　　指導を受け，殴った生徒への謝罪をすすめる。指示したとされる

生徒が指示の事実を否定。担任はつとめて声掛けを行い，給食のときはO君のそばにいる。

父親は，O君にグループと付き合わないように注意。電話による呼出し頻繁。O君は「付き合いたい」という。小遣いは，月に3000円。

将来の希望に「成績を上げたい」，「トランペットが上達したい」，「部活（剣道）でレギュラーになりたい」と書く。

＜4月21日＞

心配した担任は，小学校の様子を問い合わせる。家でよくお金がなくなる。

＜5月16日＞

担任が家庭訪問。「問題の多い子と一緒にいるので，もう少し強い意志で断れるとよい」と指摘。

＜5月25日＞

音楽の授業をまじめに受けない。ふざけたりする。

＜5月26日＞

同級生と校外でフラフラしていたところ注意を受ける。

＜6月2日＞

「ふれあいタイム」で部活や進路について担任と面談。

＜6月16日＞

けんか。よくふざける。強く注意すると「チクショウ」と反発。担任は事情を母親に連絡。授業が荒れはじめる。奇声を発する。席を立つ。ボイコットがはじまる。授業の妨害に担任が泣きだす。担任の椅子に糊を塗る。給食のご飯を大盛りにして，その上に汁をかける。このころから，パシリ役が始まる。遊び感覚。

＜6月22日＞

歌のテストで歌わず席に帰り手を振る。

＜6月30日＞

給食の時，O君が女子の悪口を言ったので担任がたしなめたとこ

ろ，何も言わなかったので，「もし，誰かに命令されているのなら，言ってほしい」と求めても何も言わない。次の授業中，ふざけた態度をとったので注意すると，机をたたいて「チクショウ」と反発。それを見ていた他の生徒が，「何で彼ばかりを叱るんだ」と担任に反抗的な態度をとる。

担任は大学時代の恩師を訪問して指導を受ける。この日，神社でケンカ。

＜7月11日＞

神社で3年生数人とケンカ事件。3年生から「あの子たちといたいか」と聞かれ，O君は，「楽しいからいい」と答える。

＜7月14日＞

学級PTAで三者懇談。成績が下がった，生活を見直してほしいと指摘される。O君は涙を流す。母親は，ハンカチを差し出して涙を拭う。母親は「私は息子のことはわかっています」と言う。

＜7月15日＞

O君殴られる。殴った生徒とその親・担任がO君宅に謝罪にくる。自転車を壊される。

＜7月中旬＞

市教育委員会が学校指導のため訪問。

＜7月25日＞

親から学校へO君の剣道昇段試験の費用が未払いであると問い合わせの電話。O君に事情を聞いたところ，「テレビゲーム機を買ってしまった」と言う。

＜7月下旬＞

近くの川で水に溺れさせられる。

＜8月（夏休み中）＞

夕方，こっそり家を抜け出すことがふえる。金銭を脅しとられる。自分の預金を引き出す。マンガ（52冊），ゲームソフト（11個）を売って捻出。

ゲームセンターに出入りし，共働きの家をたまり場に遊ぶ。1万円札を両替機に入れる。クレーンゲームでたくさん景品をとる。「景品がでない」と苦情を言うのはO君の役目。
　カラオケボックスに通う（1週間）。1万円札の札びらを切る。1人前2〜3000円の特上寿司や天丼を注文。

＜9月16日＞
　O君が保健室に「呆然とした状態」で入ってくる。養護教諭の話。「何かの用事があり，保健室にきた。視線を合わせることができず，伝えたいこともきちんと伝えられずにいるので，『O君，落ちついて…』というが，それでも落ちつかず，体が動いていた。『ちゃんと止まって，話して…』といい，肩を抱くと左足だけが横に動いて止まらない。頬を両手で押さえてもまだ視線が合わない」。学年会で話しあう。授業中，奇声を上げたりして妨害をするという。本人に尋ねても何も答えないので，心理テストを思いついた。
　友だちがタバコを吸っているところに居合わせたことから，担任に反省するように言われる。

＜9月17日＞
　文章完成法（SCT）を実施。その内容の一部は，以下のようなものである。
8. 私の空想は…いい高校に入って，いい大学に入って，幸せな生活をすることです。
10. 学校の成績…が落ちないように，しっかり勉強しています。
14. お父さん…はとても厳しい人です。
15. お金…は大切にしないといけません。
16. 時々気になるのは…自分はいつ死ぬかなどです。
17. 男の友だち…はみんないい人ばかり。
19. 学校では…とても楽しいです。
　グループ4人が5泊6日の家出。

＜9月18日＞

ジャージにトランクスで走っているところを養護教諭が見つけ，「どうした」と聞くと笑う。
＜9月19日＞
　　　担任，再び大学時代の恩師を訪ねる。
＜9月20日＞
　　　O君にカウンセリングを受けさせることを親に勧める。午後9時，父親から「子どもが夜，ジュースを買いにいくといって出歩く癖がついている。子どもの話がわからない」という電話がかかる。
＜9月22日＞
　　　警察からO君宅に電話。O君が自転車を盗んだとして3時間にわたって事情聴取。それまで明るく振る舞っていたが，これ以降，口数が減る。
　　　学校では，O君を問題グループの一員とみる。
＜10月4日＞
　　　養護教諭，O君の体にアザのあることを見つける。O君「防火扉にぶつかった」と言う。
＜10月7日＞
　　　担任がO君の伯母にも，O君がカウンセリングを受けるよう勧めることを重ねて依頼する。
＜10月12日＞
　　　伯母が学校を訪ね，O君にカウンセリングを受けさせず，家庭で話し合うことになったと返事。この日，祖母から1万円盗み，父親から殴られる。
　　　この頃，女子生徒が「O君がいじめられてかわいそう」と担任に言う。
＜10月22日＞
　　　体育館で仲間とプロレスごっこ。あまりに過激な様子を見て止めさせる（10月頃から明るくなる）。
＜11月2～6日＞

Ⅵ章　「いじめ自殺」を検討する

オーストラリアへ家族旅行（父親の勤続祝金で）。「少年時代の思い出・旅日記」を書く。記述に時間の混乱があり，文字も乱れている。

「遺書」は，決行の 10 日くらい前から書かれたものか？

＜11月23日＞

「自殺の理由は，今日も 4,000 円とられたからです」（遺書）

＜11月24日＞

「1 万円とられました」（遺書）

＜11月25日＞

「4 万円とられました」（遺書）

＜11月26日＞

祖母のサイフから金を抜き取る。夜，父親に張り倒される（泥棒・警察・施設・死ねなどの言葉がでる）。父親はのち「このことが自殺の直接の原因と思う」と語る。

＜11月27日＞

午前，自転車盗難の被害者宅へ父親と同道，詫びにいく。午後，友だちから金をもってくるように言われ，1,000 円を渡すが，さらに要求される。

15 時，友だちが声をかけると手を振って応え，うつむいたまま通りすぎる。

自宅裏の柿の木にロープをかけ縊死。死亡推定時刻，16 時 30 分。23 時 50 分，母親が発見。

(2) **その後の展開（1994 年 11 月 28 日～）**

＜11月28日＞

6 時 40 分，伯父が学校に連絡。6 時 50 分，学校から市教育委員会に「事故報告書（速報）」の事故種別に「突然死」として報告。

9 時，校長・学年主任・担任が弔問。父親は自分の叱り方に問題があったとしながら，学校に事実関係の調査を依頼。校長は，誠意

をもって調査することを約束。

兄（19歳），友人関係を調べ，11人のいじめた生徒がいることを指摘。

16時30分，市教委，校長に調査を指示。

<11月29日>

通夜。両親，学校に「学校の対応が遅い。土・日曜日の行動が知りたい。金銭の授受・暴力・いじめの調査」を要望。

市教委，生徒指導記録の整理と家族への対応を指示。

<11月30日>

葬儀。市教委，学校を指導。

<12月1日>

12時30分ごろ，「遺書」（便箋4枚，母親宛，114万200円の「借用書」，大学ノート15ページの前記「日記」，いずれも極度に乱れた筆跡）発見（死後4日）。家族・関係者は非常な衝撃を受ける。

校長，O君宅でこれを読む。18時50分コピーが市教委につく。

夕方，いじめた生徒，校長らが謝罪に訪れる。この夜，遺族は遺書を新聞に公表することを決意。

<12月2日>

全校集会。校長は「命の大切さ」を訓話。生徒に作文を提出させる。

15時，臨時校長会。17時，臨時教育委員会，全国紙A紙夕刊に遺書の抜粋が掲載。地方紙C紙は全文掲載をめぐって編集部で激論。販売部の要請で掲載に踏み切る。

<12月3日>

「遺書」の全文が各社朝刊トップに載る（共同通信が全国に配信）。「いじめによる自殺」として，連日関連の記事。

関係生徒，警察の事情聴取を受ける。O君の両親はいじめた子に反省文を求め，それをもって校長室を訪問。

各地のテレビ局，センセーショナルに伝える。学校に抗議の電話

があいつぎ，電話回線が輻輳し，外部との連絡が困難になる。
＜12月5日＞
　市議会で「いじめによる自殺事件について」の質問。
　職員会議（5回），対策協議。深夜まで及ぶ。学校，遺族への対応に苦慮。
　法務局，市教委訪問。
＜12月7日＞
　行動記録（3〜10月）を発表。
＜12月8日＞
　報道関係者に対し学校内への立入り禁止の掲示を校門にだす。
＜12月9日＞
　文部省「いじめ専門緊急会議」に教育長出席。
　報道関係者に対して取材活動の自粛を求める配達証明つき速達を送る。その内容は「報道関係各位　今回の事件に関して，関係生徒及びその家族への取材攻勢が連日深夜にわたり激しく，憔悴しきっています。このままでは2次災害が心配されますので，取材活動を控えて下さい」というものである。
＜12月10日＞
　ＰＴＡ臨時総会（14〜17時）生徒数は557名，その保護者550名が出席，ふだんの総会の3倍。総会を公開とするか非公開とするかを巡って紛糾。学級担任の手記，市教委を経て新聞に発表。
＜12月12日＞
　校長室の窓ガラス123枚が割られる。1限全校集会。8人の教師の自主グループがアッピール発表。
＜12月13日＞6キロ離れた中学校1年男子，下校途中で行方がわからなくなる。翌日午前7時（推定）縊死を発見。
＜12月14日＞
　市教委，教育長「O君自殺事件の分析」，「O君いじめ事件の対策」発表（福島県で中学3年男子が自殺）。

＜12月15日＞
　過熱した自殺報道に対して群発自殺を懸念した日本自殺予防学会有志（加藤正明・秋山聰平・長岡利貞・稲村博）が「緊急アピール」をマスコミ各社に送る。
　（埼玉県で中学2年男子が自殺。「いじめではない」という遺書。）
＜12月20日＞
　市教育センターの電話相談の留守番電話にいじめの緊急相談が入る。翌日，留守番電話解除でこのことがわかり，本人を特定し，それがいたずらであることが判明。
　（12月中，200人に及ぶマスコミ各社の報道陣が「怒濤の如く」，「雲霞の如く」［一部教師の表現による］学校に押しかける。）
＜12月21日＞
　地元新聞朝刊に「防ぎたい群発自殺」（筆者執筆）が予定より1週間遅れて掲載。
＜1995年1月6日＞
　県下小学6年女子が自宅ガレージで縊死。「いじめられた」との日記が発見される。のちに，母親はこれを社会に訴える。
＜1月15日＞
　学校再建をめざしての話し合いが開催される。
＜1月17日＞
　阪神淡路大震災発生。これ以降自殺に関する報道が激減。
＜2月9日＞
　事件についての警察の捜査が終了。
＜2月10日＞
　関係の4人を恐喝の疑いで書類送検。
＜2月16日＞
　家庭裁判所に送致される。
＜3月13日＞
　文部省，いじめに関する最終報告書。

＜3月31日＞
　校長の減給処分。転出。教頭以下4名の戒告・訓告処分が発表される。
＜4月1日＞
　市にいじめ対策室発足。
＜4月4日＞
　家裁，3名を少年院，1名を教護院（児童自立支援施設）送致と決定。
＜10月6日＞
　法務局，学校に対して「いじめ防止の実効性のある措置をとるよう」勧告。
＜10月14日＞
　弁護士会主催の「いじめ体罰について考える」討論会にO君の父親がパネリストとして出席する。
＜11月27日＞
　新潟県で中学1年男子自殺。いじめの遺書。

以上がO君事件とその後の概要である。これは，以下の資料，および筆者の面接調査によるものである。
・全国紙3紙と地方紙，およびこれら各社の担当記者と地方紙編集部
・小林篤『現代』1995年，12月号
・毎日新聞社社会部編「総力取材いじめ事件」毎日新聞社，1995
・中日新聞社社会部『清輝君がのこしてくれたもの』海越出版社，1994
・豊田充『清輝君が見た闇』大海社，1995
・あゆみ出版『わが子は中学生』1995年3月号
・市教育委員会「O君のいじめ事件の対策」，「いじめ解明の道すじ」，「定例教育委員会報告」，「O君の自殺事件の分析」，「議会答弁書」など
・教職員組合「いじめ・自殺をなくし，本来の学校教育を取り戻すために」，「いじめ自殺と管理体制」，「人事研究発表，ソニー問題など市教委は教育行政としての責任を明らかにすることを要求する」など

・青山美智恵他「新聞記事によるいじめ問題の年表」愛知県総合保健センター精神保健福祉センター部，1996

2．学校の状況

(1) 学校の立地

　A市は，人口10万（世帯数3万）の農業地帯を基盤に，いくつかの工業団地が進出した典型的な近郊型都市で，東に人口約20万の市と隣接している。果樹園芸や野菜の生産で発展し，茶の産地としてもよく知られている。最近は，自動車関連工場が進出し，都市化の傾向が強くなっている。脱農の過程にある地域の特性を反映して，子どもの教育に対する親の関心も高まっており，高校への進学率も高い。市内には小学校14校，中学校6校，高等学校3校がある。この中学校の学区は市の東部に位置し，地域は田畑に囲まれた農家の集落と，自動車関連産業に勤務する人々が住む新興住宅地からなっている。中学校は広々とした水田に囲まれ，閑静なところにある。生徒数は556人，専任教員は校長以下27人で，教育目標は「真理を探求する知性と，友愛・助け合いを基調とする豊かな人間性と，試練にたえぬくたくましい体力と気力を培い，誠実に人生を生きぬく実践的な人間を育成する」というものである。

　この中学校の特色を2点あげる。ひとつは，部活動が盛んなことであり，これは保護者からも強く支持されている。とくに，この地域は昔から剣道が盛んなところで，町にはいくつもの剣道場があり，多くの子どもたちが放課後にここに通っている。国体では剣道試合の開催地にもなった。ふたつめは，理科教育に力を入れていることである。絶滅しかけたゲンジボタルの繁殖を地域振興の目玉とし，この中学校においてもその飼育と研究に力を注ぎ，校内に飼育設備がある。

　生徒の気風はおだやかで，年間の問題行動（ケンカ・万引き・家出など）は数件にすぎない。学校の精神的な健康の指標のひとつは生徒の平均欠席率であるが，この中学校の場合，表3のようである。ちなみに，

わが国の中学校の平均欠席率は，ほぼ1.5％前後と推測される。

表3　学校の年間平均欠席率（％）

'86	'87	'88	'89	'90	'91	'92	'93	'94	'95
1.3	1.7	2.2	2.1	1.7	1.7	1.2	1.1	1.8	1.0

*　　　'88年にはインフルエンザが流行
**　　'89年，2年男子が12月に自殺，その後3か月の平均は3.46％
***　 O君自殺後4か月の平均は3.02％
**** '95年は4～7月の平均

(2) 学校の雰囲気

　一般に，中学校の（女性教師の）「音楽」の授業は難しいといわれているが，この学校では成り立っている。また，同校の教師と話しあってみても，この学校が特別に「荒れている」という印象はない。
　この点，1985年12月9日の青森県野辺地中学校の自殺事例，1986年2月1日の東京都富士見中学校の事例の背景にあった状況とは異なっている。この中学校でも，校外での多少の逸脱行動や校内における喧騒行動もなくはないが，これらはおおむね思春期の行動特性から理解できるものである。ただ校内に少人数の閉鎖的グループがあり，それが教師からも特別視され，孤立していた。このグループには，若者宿的な気分があり，時折，逸脱行動がみられ，それが「荒れた」学校という印象を与えた可能性はある。

(3) O君の交友関係

　小学校時代にいじめられた経験があるらしいが，教師の目には「よい子」と映っており，特記することはない。中学1年もほぼ順調であったが，3学期になると「様子が変わって」きて，交友関係にも変化が現れた。
　2年になるとこの傾向が強くなり，問題視される生徒との付き合いが

頻繁になった。新しい担任に馴染むより先に，この peer-group に接近していった。これは，「厳しい父」（文章完成法テスト［ＳＣＴ］）のもとにあったＯ君が初めて知る世界であった。担任が中学校勤務の経験が初めての女性（26歳）で，思春期の男子生徒のウラ文化（義理人情）とその生活感情を理解するゆとりがなかったのかもしれない。

　Ｏ君は，この仲間集団の中で文化人類学でいうイニシエーション（通過儀礼）のいくつかを体験することになる。多額の金銭を巻き上げられることは，「奉納・供犠」，パシリ・カバン持ちは「奉仕」，殴られる・蹴られる・トランクスで走らされる・性的嫌がらせを受けるは「嗜虐」，プロレスごっこで投げられ役になるのは「道化」，カラオケで歌う・飲食するは「歓楽」にあたる。ただ，これらは神社の境内やゲームセンターなど，主として校外の閉じられた空間で行われていた。しかし，Ｏ君は「仲間ゆえ」にこれらいじめがもたらす辛さに耐えていたものと思われる。ＳＣＴには，学校は「楽しい」し，友だちは「みんないい人ばかり」と記されている。

3. 自殺への過程

(1) 一般的な自殺への過程

　児童生徒の自殺が報道されるとき，「発作的」とか「衝動的」などと表現されることが多い。一報主義・速報主義のマスコミに，的確な原因の解明は望むべくもないことである。

　自殺研究の現段階では，自殺は考えられているほどに「突然」に起こるものではなく，それぞれに「長い道のり」があるとされている。死のうと思いつき（自殺念慮），その方法を考え（自殺方法の選択），日時や場所を選び，あれこれと迷ったあげく死を決行する。年齢発達によって違いはあるものの，自殺念慮から決行までにはかなりの時間があるものとされる。この自殺の準備状態から決行に至るまでの間（危機的状況）に適切な介入ができれば，自殺は防止可能と考えられている（Ⅳ章の図

3「自殺への道のり」p.108～109参照)。

(2) 中学生の自殺の特徴

筆者は数十例の中学生の自殺事例を検討したが，次のような特徴が指摘できる。

1) 自殺念慮を抱いてから決行に至るまでの期間は，大学生や高校生よりも短い。したがって，危機介入の機会が限定されている。
2) 決行に踏み切る直接の動機として，「叱られて」，「疑われて」，「馬鹿にされて（笑われて）」などが多い。
3) 信頼していた人から「仲間はずれにされた」，「足蹴にされた」など，人間関係の断絶の体験が多い。また過去や身近に喪失体験がある。
4) 「いっぺんやってやろう。脅してやろう。驚かせてやろう」といった向こう見ずな小学生のような幼い心理が働く。
5) 問題行動（家出・盗み・非行など）の結果，窮地に追い込まれて心ならずも。
6) 友人関係や恋愛関係のもつれ。
7) 高校生や大学生に見られるような「生き方」に悩んで。

O君事例でも，このうちの幾つかを指摘することができる。

(3) O君の遺書

関係者から提供されたO君の遺書は3,000字に及ぶ長文のもので，その全文が地元新聞に掲載された。普通，新聞には要旨か抜粋が掲載されるが，この事例は極めて異例のことである（新聞社の編集部内部でも，激論があった）。厳密には，その書き出しの部分は鉛筆で抹消してあり，これはかろうじて「本当にもうしわ」と判読できる。もちろん新聞に掲載されたものにはこれはない。内容は極めて具体的かつショッキングなものであった。筆者は，これをファックスで読んだが，判読はとても困難で，筆跡は乱れ，とくに最後の方はひどく右下がりになっており，疲労困憊とエネルギーの衰弱（うつ状態か）を思わせるものであった。筆

者は，これまで100通を超す遺書を見てきたが，その中でも「万感こもる」ものの一つであった。数回に分けて（10日ぐらい前から）書かれたものらしく，それ以前の「旅日記」と同様，時間の錯誤がある。原文を直接見た人の話では，文字の濃淡，筆圧に強弱の波があるということであった。

　これは，遺書としての条件がすべて揃っているといえる。例えば，
・死を決意した事情の説明…「今日もっていくお金がどうしても見つからなかったし，これ以上生きていても…」，「自殺した理由は，今日も4万円とられたからです」，「忠告どおり死なせてもらいます」
・家族への挨拶…「おばあちゃん長生きして」
・謝罪…「お金のことは本当にすみませんでした…」，「最後もご迷惑をかけてすみません…」
・弁明…「でも，自分のせいにされ，自分が使ったのでもないのにたたかれたり，けられたりってつらいですね…」
・依頼…「僕からお金をとった人たちを責めないでください…」
・別れの言葉…「僕は旅立ちます。でも，いつか会える日がきます。その時にはまた楽しく暮らしましょう…」

　上記「　」は，O君の遺書の中にある言葉である。いじめにかかわる遺書4例（O君事例を含む）を検討した勝俣暎史は，いじめの遺書の特徴をつぎのようにまとめている。
①いじめの継続性と加重性を示す言葉が使われている。
②いじめた人の名前や人数を書く（ご指名自殺の新語を生む）。
③いじめられている状況を記した上で，いじめの内容を具体的に書く。
④孤立・孤独・無力の心境を語る。
⑤いじめた者への敵意が書かれたものとは逆に自分の非力・無力を書く。
⑥「もう」，「けれど」，「しかし」，「でも」などの表現が用いられる。
⑦お詫びやお礼の言葉がある。
（「いじめと自殺」『教育と医学』1995年11月号，慶應義塾大学出版会）

(4) 事例へのコメント

　O君の自殺への準備状況を資料により述べたが，このほか学校関係者への面接を通じて得た情報を加えて検討する。

① O君は，多少，気分の波があることがうかがえる。9月には落ち込んでいた模様（養護教諭の観察），身体症状も現れている。それが10月になるとはしゃいだり，洒落を言ったりして明るさを取り戻している。落ち込みと軽いはしゃぎが交替して現れているのである。この「微妙な」落ち込みやはしゃぎは，活動的な中学生にあって教師がそれを問題の症状として捉えることは困難であろう。明るい，ふざけている，騒いでいることなどは，教師の目にとまり指導を受けたが，ときどき訪れるごく短期の落ち込みは見落とされやすい（Rapid Cycler）。

　学校では（欧米に比べて日本ではというべきか），「うつ状態」は要注意のサインであるという認識が一般に乏しい。これは，むしろ教師からは「おとなしい」，「もの静か」などプラスに評価され，問題とされないのが普通である。

② O君は，学校生活・家族生活・友人関係において過剰適応的（断る力が弱い）であったともいえる。自己主張や拒否・反抗のエネルギーはやや乏しく，ようやくその萌芽が見られるに止まっている。これらがO君は「気は弱いがやさしい少年」，「家族にやさしく，友人への思いやりが豊かな子」といったイメージをもたらした。この過剰適応傾向と自己主張の乏しさが，たび重なる仲間からの要求を退けかね，自分を窮地に追い込む結果となった。

③ 常軌を逸する金銭要求をはじめ，さまざまないじめ行為によるストレスで「うつ状態」となり，視野狭窄的状態になっていった。友人関係で追いつめられた状況にあった時，次々に過去の問題が「父親」の前で明るみに出された。とくにO君自身が最もうしろめたさを感じていた金銭問題について，自殺決行日前夜に父親から強く叱られ（「忠告どおり死なせてもらいます」），ついに死を「選ぶ」にいたった。なお，いじめがうつ状態を引き起こすことについては，土屋（1993）らの指

摘がある。

(5) 家族の問題

　O君の家族は，祖母・父・母・兄（5歳年上）・本人・弟（10歳年下）で，祖父はO君が小学生の時に亡くなっている。このO君の家族の歴史とその家族内力動については，家族とのコンタクトがないので，コメントできない。ただ，事件から2年余り経過した1996年12月1日，O君の父親が「イジメのひどさと陰湿さについてはすでにご承知なので申し上げる必要はないと思いますが，その中で彼（O君）は，自分で命を絶つ判断をしたのです。…彼が受けてきた行為…をみれば止むを得ない判断だったんだろうと思っています」（登校拒否・親の会編集「親の会通信」No.109号，1997）と語っている。この言葉は，事件直後における父親の態度が変化してきたものと解してよいものか。

　その後の父親の動きをみていると，キューブラー・ロス（1926～2004）の突然の死に出あった人のたどる過程（否認，攻撃，うつ状態，取り引き，受容）を思い出させた（『死ぬ瞬間』読売新聞社，1971）。

4．学校の対応

(1) 学校の危機的状況

　わが国の学校は，諸外国と比べると格段に「安全」であるといわれている。長い間，「荒れた学校」，「危険な学校」ということは形容矛盾とされてきた。四十数年前，校内暴力が吹き荒れたとき，この観念は一時揺らいだが，日本の学校が基本的には安全であることに疑問はないとされている。

　それゆえに，学校の「危機管理」への関心は乏しく，そのノウハウも蓄積されてこなかった。この中学校でも同様で，この「青天の霹靂」のような事件に遭遇して多くの混乱がみられた。その多くは，200人を超すマスメディアの取材攻勢という「外圧」によって引き起こされたもの

であり,「あっという間」に危機的状況が出現した。この混乱は,教師・生徒・保護者・地域を巻き込み,結果的には同校の教師に計り知れない疲労感と無念感を残すこととなった。以下に,その状況をまとめてみる。

(2) 端緒から収拾まで

①**端緒**：中学生が自殺したらしいという町の噂を掴んだ地元新聞記者が警察でそれを確認し,理由を尋ねようと学校に取材に出向いた。学校は,「学校にはかかわりのないことだ」といわんばかりの対応(記者談)であったので,記者は職業的な勘でさらに取材を続けた。学校は,突然死との報告を市教委に速報で送り,事後対策を協議した。生徒の間にも動揺があったようである。

②**動転**：自殺の4日後,長文の遺書が発見され,家族の了解のもとにそれがマスコミの手にわたった。新聞でそれを知った教師は絶句した。以降,連日連夜,新聞,テレビ等はいじめ自殺報道を繰り返した。学校が事実の確認を行っている間に,マスコミの情報の方が先に流れた。学校・教師不信をスタンスとした連日の報道に,教師・生徒は非常な衝撃を受けた。学校周辺は,各本社からの取材記者でごったがえしていた。

③**混乱**：マスコミからの情報量に比べ,学校が生徒に伝える情報は皆無に等しかった。生徒はマスコミから先に情報を得ており,それをもとに「学校や教師を見直す」ことになった。語気荒く教師に詰め寄る生徒も現れ,その言葉に愕然とする教師もあった。一方,学校の電話には抗議・非難・脅迫・罵詈雑言等が殺到し,業務上の連絡にも大きな支障をきたし,教師は孤立無援に悩まされた。

④**防衛**：学校は,無秩序に押しかけ取材する報道関係者(担当幹事社の統制が機能せず)から生徒や教師を守るため校門にロープを張り,取材自粛依頼を報道関係各社に送った。しかし,これがかえって反発を招き,ここに「修羅場」のような取材合戦がはじまった。教師の発言として伝えられた記事が保護者側を刺激し,そのことが学校を困らせ

ることになり，学校が何も言えなくなるという状況が現出した。この時期を振り返って，「超マスコミアレルギー」と表現した教師もいた。
⑤**収束**：年が明けた1995年1月17日，阪神淡路大震災が発生し，O君のいじめ自殺報道は急激に減少した。そのころから学校はようやく平静を取り戻しはじめた。教師も悪夢のような1か月余りを振り返りはじめた。日頃，O君とその集団に接していた教師にとって，「それにしても，なぜO君は自殺したのか。原因は何なのか。どうしても納得がいかない」という思いと，「マスコミによる学校・教師に対する批判は到底受け入れがたい」というふたつの思いが長く交錯した。

(3) 自殺報道の波紋

自殺報道の問題については，しばしば論じられてきた。稲村博は，臨床場面におけるとくに青少年に対する影響を幾つかあげて警告している。自殺問題を抱えている（深い不安に悩んでいる）子どもがセンセーショナルな自殺報道に影響されることは，筆者の経験からも確信できる。これは明らかに自殺決行への大きな危険因子である。O君事例の報道を分析すると，つぎのことが指摘できる。
① 過剰で，かつ短期集中的な報道
② 新聞・雑誌・テレビ，さらにはイエロージャーナリズムを含めたあらゆるメディアが参加
③ いじめが自殺の「原因」であると特定した，極端に一般化・単純化された報道
④ 遺書の全文掲載（もちろん，見出しは編集部がつけたもの）
⑤ 家族の了解はあるが，実名による報道
⑥ 自殺理解に必要な家族や本人の精神的状態に関する情報が欠落
⑦ 関係者の陳腐なコメント
⑧ 学校・教師に対する一方的な教育批判の繰り返し
⑨ 青少年の自殺報道に必要とされる節度と抑制のない編集に対する反省の欠如

⑩　自殺予防に対する積極的提言が貧弱

(4) いじめ問題と法

　いじめ自殺の問題には，ほかの学校問題とは違い，ことのほか校外の関係機関がかかわっている。武田さち子の前掲書には，96のいじめ自殺に関連した機関の事例があげられている。警察（検挙，取り調べ，参考人尋問）にかかわりがあったものが10例（自殺にかかわる事例は全例警察の介入がある），法務局（人権救済申し立て）調査・勧告のそれが15例，児童相談所・家庭裁判所・少年院がらみのそれが18例，裁判所（民事損害賠償，慰謝料請求）が係争中を含めて最多の40例，教員処分が6例等（重複を含む）となっている。この中で注目すべきことは，いじめ自殺の事件の半数近くが裁判所に訴えられているということである。やがて『いじめ自殺事件の判例研究』なる本が出そうな気配がある。いじめ自殺はともかく複雑にしてかつ微妙な問題を含み，これが法廷の場で解明されるとは考えにくい。それはあたかも子どもの虐待事件が法廷にもち出されても虐待それ自身の解明や解決につながらないのと同様で，法廷でいくらいじめがあった，なかったと論じられても，われわれにはピンとこず，そこから指導のヒントを引き出すことはむずかしい。法的に決着がついたとて，それで一件落着というわけにはいかない。この課題には，私たちが主体的に取り組むほかはない。

　裁判では自殺の「予見可能性」と，いじめと自殺の「因果関係についての事実認定」の二つが争点となっている。しかし，法的にはともかくとして状況を調べていくと，それがいかにむずかしいことであるかがわかる。

　なお自殺事例に関する学校の調査業務について裁判所の判断がある（2003年5月の中3女子の飛降り自殺事例についての名古屋高裁，2010.1.27控訴審判決）。

　また，朝日新聞に連載中（本書執筆時）の小説「沈黙の町で」（奥田英朗，2011〜2012.7.12，420号で了）では，中学生の転落死亡事故（い

じめ？）をめぐって，関係者（校長・教頭・担任・生徒指導主事・生徒，警察官・検事，保護者・PTA関係者，近隣，県会議員，新聞記者・デスク，その他）の葛藤・不信・懐疑・混乱が描かれている。

コラム 「お前，死んじまえ！」

悪口・悪態

いじめの発端となるものの多くが子どもの「悪口」（わるくち，あっこう）であるという指摘がある。

わが国の今までの学校教育の中で悪口・悪態は十分に取りあげられてこなかった。不思議といえば不思議で，標準的な教育学や心理学関係の辞典には独立の項目としてあげられてはいない。子どもの生活の中の陰（裏）の部分であるためか，それとも，これを文字に移し，また口にするのをはばかる風潮があるせいであろうか。ともかく長く関心を払ってこなかった。

教育以外の領域から，これに着目したものがいくつかある。『日本史大事典』（平凡社）には「悪口」という項目（執筆・笠松宏至）があり，『日本歴史大事典』（小学館）・『國史大辭典』（吉川弘文館）の「悪態祭」（執筆・岩崎敏夫）はその例である。『日本語教育事典』（大修館）にはこれがない。『広辞苑』には「悪態　あくたい（あくたいもくたいの省略形），わるくち，あくたれぐち，あっこう。人をあしざまに言うこと，またそのことば。仏教における十悪の一」とある。

悪態は輪郭のはっきりしないことばだが，正式には，軽卑語という。罵詈雑言，啖呵（たんか），ひやかし，囃しことば，野次，毒舌，あだ名，捨てぜりふ，殺し文句，あてこすり，揶揄（やゆ），風刺，毒のある冗談，政治運動でみられるシュプレヒコールなどがある。このように並べてみると，私たちのことばの生活の中で，これが意外に大きな位置

を占めていることがわかる。

さらにこれを拡げて，漫才（俄，仁輪加 ── 大阪・福岡）は悪ったれの応酬であるし，落語にこれを欠いてははじまらない。言わずと知れた漱石の『坊っちゃん』は全編が悪態にあふれているし，井上ひさしの『吉里吉里人』は時代に対する辛辣な悪態づくしである。私たちはすでに鈴木棠三『ことば遊び辞典』（東京堂出版，1959）や，奥山益朗『罵詈雑言辞典』（東京堂出版，1996）をもっている。

　詩人，谷川俊太郎に
　　　わるくち
　　ぼく　なんだと　いったら
　　あいつ　なにがなんだいと　いった
　　ぼく　このやろと　いったら
　　あいつ　ばかやろと　いった
　　……　………　……

（『いちねんせい』小学館，1988）

がある。悪態が呼応性・交互性をもっていることが明らかに示されている。

このように考えてくると，子どもの悪態は，どうも子どもの世界にはごく普通の現象で子ども文化の一端といえる。子どもらしさというとき，これを包みこんでいるとみられる。これらがことばの暴力とひとくくりにされてはかなわない。そうだとすれば，これを道徳や生徒指導の観点からだけとらえては十分でないことがわかる。

悪態の歴史

それだけではない，悪態にも歴史がある。人間社会のコミュニケーションのそもそものはじまりは，決して友好や信頼の話しあいからではない。原初の社会では部族間の対立・抗争は武力や暴力によって解決がはかられた。それが部族間の悪態・悪口の応酬に発展し，ついで，歌と踊りの交歓（今日でも紅白歌合戦・紅白対抗の運動会）となり，やがてそこに和解と平和また統一の道を歩んだと考えられ

る。

アフリカの部族では個人や部族の名誉に敏感なあまり，部族間に衝突が多かったが，やがて相手を罵倒する歌とそれにあわせて太鼓が乱打された。その強烈なビートは部族の生きる力を現している。

日本でも，各地に悪態祭りがあった。これは社寺の参詣人が時と場所を限って（祭礼の時に），相手の悪口（素行など個人的なことを含む）を言いあい，言い勝った者に福があるとされた。時には，これが村の若者の道徳的な抑制機能をはたしていた。

愛知県内では豊川稲荷の喧嘩参籠や，奥三河の花祭（木の根祭とも）が知られている。花祭では村の男衆が眼穴のないお面をつけ，暗闇の中で舞い手や神座に座っている人に悪態をつく。暗闇でしかも覆面，巧まずして匿名性と守秘は担保されて，これが自由な喧騒を保証している。いってみれば村のガス抜きであり，それが安全弁となっていることがみてとれる。花祭をみていると，この悪態が人間や社会の心からの叫びであることが実感できる。これをただ欲求不満の解消だ，ストレス発散だ，バカ騒ぎだとだけ片づけることはできない。今，子どもの間でとびかう「お前，死んじまえ！」もここでいう悪態のひとつといえないか。

悪態とユーモア

たしかに人を傷つける悪態があるが，一方味のある悪態，一語で相手をだまらせる悪態，集まりを笑いの渦にまき込む悪態もある。もちろんユーモアのある悪態もあろう。方言の中には無限の悪態語がある。

作家，三島由紀夫に『不道徳教育講座』（『三島由紀夫全集』第30巻，新潮社）がある。往年のベストセラーとして知られているものである。豊かなことばを繰って，時の人間と社会に向かって，毒舌の限りをつくしている。しかし，読後はさわやかである。悪態の中に笑いがこめられているからだ。さすがというほかはない。

このように悪態をひとつの文化と考えると，悪態をつかない文化

と悪態をつく文化に分けることができる。前者は大人の社会のことで，つまり人の悪口は決して言わない，悪態をつくのは教養のない人だという観念が支配するのが大人の社会。はたして本当か。噂話をたのしみ，陰口大好きな大人がいっぱい。後者は子どもの社会。子どもの社会から悪口・悪態を抜いてしまうと，子どもの社会ではなくなってしまう。悪口は子どもにとってマイナスの敬語だ。今学校ではこの両者（教師と子ども）が拮抗し，前者が後者を圧倒しつつあるかにみえる。

　いじめ事例の報告を聞いていると，いじめられた子どもに，悪口にたいする免疫力がいかにも衰弱しているという印象をもつ。さしあたっては，彼らの生活の中で「ことば」を豊かにすることに着目した指導を試みてはどうか。悪意のない子どもの悪態は子どもの生きる力の表現でもある。もし，今の子どもの世界で悪態が少なくなっているとすれば，それは子どものことばが貧しくなっていることを意味する。いじめ根絶を強調するあまり，子どものもつ豊かなことばの世界を委縮させてはいけないと思う。

<文　献>
星野命「あくたいもくたい考」『季刊人類学 2-3』1972
早川孝太郎「花祭」『早川孝太郎全集』第1・2巻，未来社，1971，1972
笠松宏至「お前の母さん…」『中世の罪と罰』東大出版会，1983
川崎洋『かがやく日本語の悪態』草思社，1997

Ⅷ章

自殺の周辺

1 群発自殺

(1) 自殺の連鎖

　アイドル歌手の自殺から2年半が経ったころ，知人の教師から緊急の援助を求められた。「母親が息子の自殺予告の書き置きを発見して動転し，その母親から助けてほしいと求められたが，どうしたらよいか」というものであった。問題を提起したのは母と教師の2人。書き置きは高3男子のものである。家族は両親と兄と本人の4人家族，別棟に祖父母。父は警察官，母は保育士。本人の生育史ならびに家族関係等でとくに記すべきことはない。教師からはごく普通のまじめな生徒とみられていた。書き置きは本人の勉強室の机の上の目につき易いところに置かれていた。レポート用紙を使ったこの書き置きには30分刻みで克明に死の当日の時間までの予定が記されていた。ただ実行する場所だけは○○としか書かれていない。この内容をその場で検討し，実行の可能性があるかもしれないと判断し，関係の係等と話しあった。この間に，本人についての事実が判った。

① 本人が在籍する高校は，自殺した有名なアイドル歌手の墓が見える所にある。そのころなおファンの墓参が続いていた。ある日，アイドル歌手のファンである東京の公務員（23歳）が墓参に訪れた。その折，住職にどうしても死にたい旨話したところ，その非をさとされた。彼はその足で本人が在学する近くの高校の校舎4階に登り，そこから飛び降り自殺した。本人は，彼の行動を終始目撃していた。直後，救助にかけつけ，その後も警察にその状況を報告している。

② 本人の父親は警察官である。たまたま上記の青年の飛び降り事件の数日前に別件で，近くのビルで若い女性の飛び降り自殺があった。父親はその検分に出動し，その状況を本人に話している。

③ 本人はこのアイドル歌手のファンではないが関心はもっていた。

④本人は恋愛問題をかかえており，クラスではそれが知られていた。
⑤母親に不眠と食欲不振を訴えていた。
⑥公務員試験を受験したが，不合格の通知が着いたばかりであった。
⑦混んだ電車での通学をいやがり，早朝に家を出，誰よりも早く登校する。やや対人不安があり潔癖なところもある。
⑧決行を予定した日が本人の誕生日。

　そこで筆者を加えて関係者が協議し，
・母親をキーパーソンとして本人に働きかけ，その他の者は働きかけをひかえ，母親の援助にあたる。
・予定日当日，誕生日祝いということで家族で外食する。本人のこだわりのある強迫的な計画をゆさぶってみる。
・本人が持ち出さない限り，自殺を直接の話題としない。
・当日を「やり過ご」したあと3か月間は本人の行動をよく観察し，進路の問題を中心に話しあう。

　以上の4点を確かめた。結果，事なきを得たが，その後連絡はない。この事例は，アイドル歌手の事件後，2年半を経過しているが，連鎖現象ということができ，これにかかわった自殺企図と考えられる。
　群発自殺はふつう報道後の短い期間に地域に自殺が続くことを指すが (p.181)，忘れたころにはっきりした動機のもとに自殺するこのような例がある。

〔本人の残した書き置き〕

　　××××殺人計画　　（××××は本人名）

予定日　×月22日
予定時刻　午後11：55ごろ
×月22日までの計画
　　13日　この日試験（注：消防士）発表を見に行く。落ちついて
　　　　　次の日は明るくする
　　14〜19日　この期間はみんなと適当にすごす

20日　試験を受けた後△△（友人名）たちと遊ぶ
　　　部屋のそうじなどして予定日に備える
21日　この日は一日暗くする
　　　その他に21日まではギリギリの時間に登校する
22日の計画
　A.M.6：45　起きていつもの通りに学校にいく
　　　7：40　学校についてみんなの登校をみておく
　　　8：35　この間は暗くすごすが，
　P.M.3：35　みんなの顔を覚えるようにする
　　　　　　S.T.後みんなが教室を出るのを待ってから自分の
　　　　　　荷物すべてをカバンに入れ持ちかえる
　　　6：00　友人の家にとまりに行くといい家を出る
　　　6：30　……………………………する
　　　　　　話が終わったらまた○○へ行く
　　　7：30　この間は○○でずーっとボーっとする
　　　～
　　11：30　そして11時になったら近くのポストへ前日に書
　　　　　　いたみんなへの手紙を入れる
　　11：45　先生にTel.する。△△にだけは知られないように
　　　　　　といって場所を教えてくる
　　11：55　○○の近くのマンションかどこかに登る
　　　　　　そして実行する
　　これは僕を殺すという自殺ではなく僕が僕を殺す，殺人であ
　る。それとこの計画は実行されない場合がある。予定は早まるこ
　とはないが，ひょっとしてのびることは…。

　（注）原文は整然とした筆跡。発見されやすい場所におく。珍しい「書かれた自殺予告」の例。決意後の行動の予定が簡潔に記されている。筆者はこれを見て，落ちついて助言できた。家族や教師のほうの動転はいうまでもない。まず両者の不安を除くことから着手した。高校生らしい行動の特徴をよく示している書き置きの例。

(2) 群発自殺

ひとつの自殺をきっかけに，次々と自殺が起こる現象を群発自殺（suicide cluster）という。cluster というのは葡萄のような「房」のことをいい，自殺の発生地点を地図上にプロットすると，葡萄の房のようにある地域に集中することからこのように言われるようになった。アメリカのように新聞や TV が地方的（local）である国では，それを取りあげた新聞の販売地域，それを放送した局の電波のとどく地域に自殺が多発することからいわれはじめた。正確には「自殺あるいは自殺企図，または双方が，ある地域において通常の頻度以上に，時間的かつ空間的に近接して多発すること」と定義されている。どのくらいの範囲に，どれくらいの時間差で，どれくらいの数がという具体的なことについてまだ意見が一致しない。自殺念慮をもった子どもや思春期のとくに不安な状態にある人に，報道が自殺の暗示や模倣を引き起こすことはありうることである。群発自殺はつぎのような経過で起こると考えられている。

(3) 群発自殺の典型例

①発端者の自殺（未遂）が起こる。

②それを噂や憶測で知った友人，同級生，恋人などに第一波が及ぶ（後追い自殺）。

　発端の人と関係が深かったり，またその死には自分も責任があると考えて自殺する。するとこれを格好の報道対象としてマスメディアが

図4　群発自殺

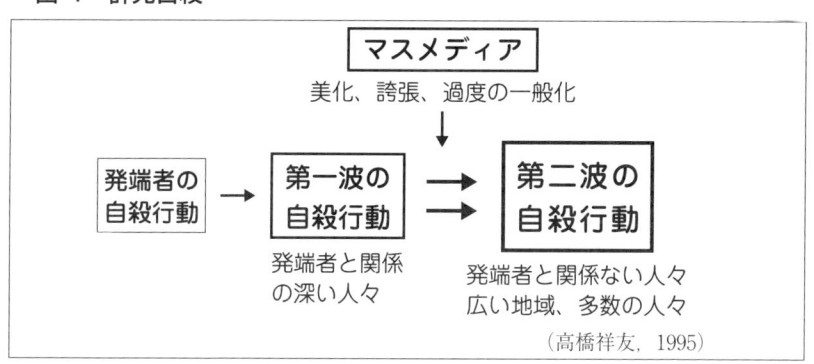

```
                    ┌─────────────┐
                    │  マスメディア  │
                    └─────────────┘
                   美化、誇張、過度の一般化
                           ↓
┌─────────┐    ┌─────────┐    ┌─────────┐
│ 発端者の │ →  │ 第一波の │ →  │ 第二波の │
│ 自殺行動 │    │ 自殺行動 │    │ 自殺行動 │
└─────────┘    └─────────┘    └─────────┘
                 発端者と関係     発端者と関係ない人々
                 の深い人々       広い地域、多数の人々
```

（高橋祥友，1995）

取りあげる。それが美化され，誇張され，さらに一般化されて大々的に反復して報道されると，広い範囲にわたって深甚な影響を及ぼす。
③直接発端者と関係のなかった人でも，同様の準備状態にある人（自殺念慮の強い人・自殺を決意しかけている人・発端者と同様の問題を抱えている人など）で第二波の自殺行動を引き起こす。これらの人は初めに起きた行動がモデルになり同一化が起こり，とくに不安定な子どもに共感をよび暗示的になる。

2 自殺の報道

1．新聞報道

　デュルケムは古典的著作『自殺論』（1897）の中で，新聞に対する公衆の関心が低いことから，新聞によって自殺が「伝染」するものではないと述べた。彼はタルドの模倣説を斥けて，自殺が社会的環境によって起こることを強調したが，それは，当時のヨーロッパにおける新聞発行の状況を背景とした判断であった。
　デュルケムが自殺を論じていたちょうど同じ頃，アメリカではニューヨーク州の片田舎で，サリヴァン，H. S.（1892～1949）は自らの進路を模索していた。彼の故郷シェナンゴ郡では，当時服毒による自殺が多発しており，それがノーウイッ市の地方紙『サン』紙上でしばしば取りあげられた。この地域の自殺率は他地域にくらべ高率であった。しかもこの地域はかつて19世紀に宗教的熱狂の津波におそわれた地域でもあり，それが20世紀になって，この信仰が薄れはじめ，村や農場で自暴自棄の感情が自殺という形で表現されていた。地方紙『サン』は自殺という現象を，年齢・性・階級に関係なく，困難に陥った人がすべて潜在的に行う可能性があるというふうに理解を示す一方，結果的には自殺を人生からの逃避法として，またその手段を示唆することになった。それから

半世紀あまりたって，ペリーはこのサリヴァンの伝記を書くためにこの地を訪れた（1964）。この地域ではかつての自殺ブームのことが話題になっていたという（ペリー『サリヴァンの生涯1, 2』p.177〜183, みすず書房, 1985, 1988）。

　後にサリヴァンはアメリカ精神医学界の指導者となるが，その著書の中で，自殺と新聞報道について言及している。それは彼の若い日の故郷での体験が反映していると思われる。彼はいう。「新聞報道がはしなくも時代時代の自殺の流行の形を決めてしまうという一事だけからも新聞のもつ力の大きさがわかるだろう。私はわざとファッションということばを使ったのである。覚えているだけでも私のこれまでの半生で3回，昇汞（しょうこう）（塩化水銀Ⅱ）による服毒自殺が流行の寵児となった時代があった。昇汞による服毒は残酷な死に方である。この残酷さには全然触れないで，新聞は有名人がみずから昇汞を仰いで命を絶ったということだけを報道する。その記事が出るとまもなく新聞紙上にはかくかくの人が昇汞による服毒自殺をとげたという内容のベタ記事がぽつぽつ出るようになる。ファッションがひろまりつつあるのだ。…新聞紙に印刷されたはかないことばが流行の変化と同じパターンで自殺のスタイルを左右する。そうして自殺という人間の生における最大の〈道のとりちがえ〉のファッションの盛衰を辿れば，それは文字通り，新しい方法がすべてしばらくの間はよさそうにみえることと，同じ事件が数多く報道されたために次第に飽きられてくることに尽きるということができる」（サリヴァン『現代精神医学の概念』p.72, みすず書房, 1976）と新聞報道と自殺についてこのようなことばを残している。自殺と新聞報道の問題は決して新しいものではない。

2. 自殺報道の影響

　さて，一般に自殺問題をかかえた子どもは，センセーショナルなマスメディア（新聞・TV）の報道の影響を強く受けるといわれる。つぎの

ような点が指摘できる。センセーショナルな自殺報道は，

① 自殺したいと思っている子どもの気持ちを強化する。とくに不安な状況にある子どもは報道がきっかけで死への衝動を高める可能性がある。しかもこれは本人がそれとは知らず（無意識のうちに）進行するものだけに心配である。

② 自殺手段を暗示する。飛び降り・焼身・感電など同じ手段による自殺が流行するのは明らかに報道による暗示効果と考えられる。報道が自殺手段の選択に迷っている子どもにヒントを与える。

③ 自殺の場所を暗示する。死ぬ場を求めている子どもに具体的な情報を与えることになる。自殺場所が「名所化」するのは報道による。

④ 自殺者にたいする羨望の気持ちを起こさせる。未遂の経験があったり，自殺を考えている人には，自殺者が「うまくやった」成功者と映る。

⑤ 報道を利用しようとする子どもをつくる。ひとつ「世間をあっといわせたい」「自分のように苦しんでいる人に代わって訴えたい」「世間を恨んでいたことをみんなに知らせたい」などさまざまな思いがある。それをマスメディアを利用して実現しようと考える。

ただし，死にたいという思いの強い子どもと話した経験からいうと，自殺をしたいがそれをしないのは「新聞やTVにでるから…」という理由をあげる。その意味ではマスメディアはたしかに予防的な機能を果たしているといえるし，自殺（予防）に関する知識の普及や啓発に大きな役割を果たしていると考えられる。この後者の側面が一層強化され発展することが期待される。つまりマスメディアは子どもの自殺に関しては両刃の剣ということができる。

3. 報道する側の事情

マスコミの自殺報道の問題点については前述した。実際の取材現場（取材合戦）を見ると考え込んでしまう（p.171）。この種の取材に学校はもともと不慣れであるし，無防備といってよい。教師の目にはこのあり

さまは傍若無人とも映る。しかし，取材する側は，それが一見荒っぽくみえても，職務をかけ，また使命感に燃えての行動である。担当記者の機敏なスタートダッシュ，社会的正義と社会的弱者を護ろうとする信念や問題に対する旺盛な執着心，これらの（職業）意識がメディアスクラムの背景にある。

筆者はマスコミの報道問題を理解する一環として，「自殺報道に対する報道関係者の意識」を調査したことがある。その中でこのアンケートの中で取材現場を担当する記者にこの問題に対する意見を自由記述で求めたところ，多くの回答が寄せられた。そのナマの声の中に報道する側の論理と工夫また苦心を読みとることができた（長岡利貞「自殺報道に関する報道関係者の意識」『自殺予防と危機介入』No.16，1993）。その主なものを紹介する。自殺報道を読むときの参考になろう。

(1) **報道すべきかどうか**

① 自殺がニュースとして扱われることはほとんどなくなってきた。特異なケースを除いて報道価値はない。

② 社会的影響のない個人的理由による自殺は報道する必要がない。社会性の有無（高齢者，子どもの場合）が決め手である。

③ 原則として報道しない。一般的には報道しないという方向に進んでおり，その方向を徹底する方法を探るべきだ。

④ 記事化しないまでも，時代の確かな現実である以上，取材はできるだけ行うべきだ。その事実にどんな理由や背景があるかわからない。取材対象から除外することはしない。

⑤ 子どもの自殺は，大きく扱うかどうかは別として，節度をもって取りあげるべきだ。人生の入口で命を絶つ子どもは，日本の悲劇でもあるからだ。

⑥ 母子心中は親による殺人事件で，報道すべきだ。それには，日本的な情緒的な取りあげ方はつつしむべきだ。問題が日本的な人間関係に根ざしたものであれば，批判的な意味で取りあげる。

⑦ 私は「死ぬ権利」を認めてよいと考えるので，第三者に迷惑が及ばな

い限り，勝手に自殺すればよいのだし，それをいちいち報道することはない。
⑧心の病気であるとみられる場合，他の病気による死と同様に報道しない。

(2) 報道姿勢
①自殺には表現できない複雑な経緯がある。理由や経緯を説明できないのを憶測するくらいなら報道しない方がよい。
②有名人・社会的に責任ある人，警察で取調べを受けていた場合など，社会性のあるものは取りあげざるを得ない。ただし，センセーショナルであってはならない。周囲の人たちへの迷惑を最小にする。交通事故死と同様，命が失われているのは大変なことだというのが基本的態度。
③精神障害者，病苦者以外は，当人をそこまで追いつめた社会的事情や背景があるので，報道すべきだ。
④本人が死をもって社会にアピールしたいと考えていたとすれば，報道する社会的価値がある。
⑤ニュース源を捜査機関の一方的な公表にたよるのは問題だ。真の理由は本人しか知り得ず，周辺のデータは推測にすぎない。
⑥自殺の結果が公共への影響（鉄道への飛び込み，高所からの飛び降り，ガス自殺による二次的災害）がある場合は報道する。人騒がせなものは防止の意味もあって報道する。

(3) 報道の責任
①報道が引金となって，後追い自殺が起こることはないとは言わないが，抑止効果や生き方を考える上では役立つと思う。
②自殺の報道は青少年自殺にさほど影響がないと断言する。マスコミのいう報道の「犯罪抑止効果」「自殺予防効果」，それは五十歩百歩。マスコミの三面記事はかつてのような力を失ったのではないか。読者は「そこに報道されているから」見たり，読んだりするだけで，それから大きな影響をうけないはずだ。

③タレント自殺事件の報道の一端にかかわった経験がある。今でもあれをトップ級で報道すべきだという考え方は変わっていない。しかし，記事の視点，取りあげ方について，新聞もまたセンセーショナルに過ぎたと反省している。
④タレント自殺報道がその後の青少年の自殺を増加させたとの論があるが，あれは，これでもか，これでもかと踏み込む芸能レポーター（イエロージャーナリズム）の問題だ。「マスコミ」という括り方で，その中に興味本位の週刊誌やテレビジャーナリズムと，新聞ジャーナリズムとを同列に置いて批判するのは遺憾で，迷惑している。アイドル歌手の自殺報道はもっぱらイエロージャーナリズムの仕業である。
⑤タレント歌手の自殺に引き続いて，若者が後を追うように自殺したのは明らかな事実。この事実にフタ（法による規制）をするのはまずい。彼らがなぜ軽率な行動に走ったかを理解しようと努め，判断する素材を提供することは報道機関の責任だ。

(4) 報道と人権

①かつては自殺の原因として安易な表現がよく登場したが，今は少しはよくなってきたと思う。周辺の事実や状況を書き込む必要がでてくるが，そこでプライバシーの問題もでてくる。自殺報道は知る権利と人権の葛藤にかかわる典型的なケースだ。
②政治・経済界および有名人でない限り，顔写真を用いず，個人的な理由は除いてしか書かない。犯罪報道と同様，書かれる側の人権への配慮は当然である。特別な事件性がない限り，一般市民に自殺を報道する必要はない。
③残された家族・縁者・周囲の人たちに対する配慮も必要なことである。人権尊重の意識の高まりをみている昨今の状況から，慎重な配慮を必要とする。
④自殺が強烈な自己主張である場合もあるから，一律に「プライバシー」を理由に報道しないというのはおかしい。むしろ進んで報道すべきで

はないか。
⑤自殺の背景には大なり小なり，その時代の社会状況が反映されている。記者はできるかぎり自殺報道をすべきだ。プライバシーの保護については細心の注意を払うのが当然。その際，一歩踏み込んだ内容にできるかどうかが，その新聞社の報道の質が問われるところ。「殺し」と同じくらいの重さで，自殺報道を行ってよい時がある。

(5) 報道と自己規制

①わが社では，自殺報道の是非，報道する場合は実名の是非，直接・間接の社会的原因・理由など，わが社の基準に即して検討している。

②それが自殺であれ，なんであれ，報道することに「規制」があってはならない。どう報道するか，あるいはしないかという判断や基準と「規制」とは全く性格がちがう。

③自殺報道も他の社会事象の一般的報道と同様，事実に基づいた客観的なものであるべきは当然。公平・中立・真実追求という報道の一般原則を出るものではない。

④記事にすべきか，実名にすべきか，その自殺のもつ社会的意味など，その線引きの基準をマスコミの内部で作ることは恐ろしくむずかしい問題ではないかと思う。

⑤報道の幅を狭めるような規制はなるべくしない方がよい。なぜ自殺を報道するか，社内のコンセンサスを得るよう努力したい。記者の個人的意見ではなしに，社として一定のコードの上にたって記事にすべきだ。もちろん自殺を促進してはならず，抑止の方向ですべきは当然だ。

⑥法による規制は事実を闇に葬る可能性を強め，自殺の予防にもならない。法による規制という動きが出れば，それはマスコミによる自己規制よりも危険だ。

⑦基本的には自殺は記事にしないもの。あくまでも個人的なものだから。新聞を読んでほしい。ほとんど自殺記事は見当たらないはず。もしあるとすれば何らかの社会性があるか，極めて特異な事例であるからだ。

しかし，残念ながら，自殺報道は社会性などよりも死そのものに力点が置かれているのが実情である。自殺記事を読んだ後,「人が死んだな」という印象しか残らないはずだ。死そのものでなく，その背景を描き出す報道のあり方が求められている。

⑧死ぬ権利とは最も消極的な権利の主張と言えなくはないと思う。この権利を行使する人が少なくなることを切に望む。そして大切なことは，生きる権利を主張している人たちのことを多く扱うことにより，生きる素晴らしさを報道していくことだ。

コラム　報　道

事　件

谷川　俊太郎

　　事件だ！
　　記者は報道する
　　評論家は分析する
　　一言居士は批判する
　　無関係な人は興奮する
　　すべての人が話題にする
　　だが死者だけは黙っている ──
　　やがて一言居士は忘れる
　　評論家も記者も忘れる
　　すべての人が忘れる
　　事件を忘れる
　　死を忘れる
　　忘れることは事件にはならない

(『落首九十九』朝日新聞社，1964)

3 自殺の予防

(1) 学校と自殺予防

　わが国の年間自殺者総数がここ10年以上3万人（1日ほぼ100人）を超えたこともあって，自殺に対する国民の関心が高まっている。自殺対策基本法（2006）は自殺予防に対する国や地方公共団体の役割を明示したもので，画期的なものといえる。

　しかし，残念ながら，自殺予防活動に対して冷水をあびせる動きがないわけではない。鶴見済『完全自殺マニュアル』（太田出版，1993）（p. 210）は大変な売れ行きを示し，大学生のみならず，中・高校生にも読まれている。また小説，戸梶圭太『自殺自由法』（中央公論新社，2004）（p.208）はまじめな関係者の努力をあざ笑っているかのようだ。自殺予防をあだな望みだとする論者は，これからも後を断たないだろう。自殺に関心の高い若者の世代では，自殺を論じる時は盛り上がるが，その予防の段になると勢いがなくなる。学校は自殺予防とどんな接点を持つのか考えてみよう。

(2) ストレス源としての学校

　学校はストレス源として，子どもたちの心の健康に大きな影響を与えることにふれた。子どもの自殺事例に，学校での生活ぶりが引き合いに出されるのはそのためである。その中心となるのは，学校のゆとりのなさ，別言すれば学校構造の強迫的傾向ということである。かつてゆとり教育が話題となったとき，論議はつい，授業時数や学習の内容（カリキュラム・学習指導要領など）に偏り，それらの縮圧・減量だけが目についた。ゆとりという言葉はごく曖昧だが，さしあたって教師が自らの強迫性に気づき，共同して学校の強迫的構造を検討する必要がある。これが子どものいじめ行動の減少にも連なると考える。ゆとりのない社会はストレスを生み出す（拙著，『欠席の研究』ほんの森出版，1995）。

(3) 万能感修正の場としての学校

　子どもたちは発達のある時期，万能感（ぼく何でも知っている，何でもできる…）をいだく。大志・大望を抱くのは子どもの特権で「夢」をもつことが奨励される。だが，それをそのまま青年や大人になるまで持ち続けると無理が生じる。思春期になると，能力・性格・学力・体力などの点で，同年齢の友人のそれと較べ，否応なしに自己吟味が求められる。子どもっぽい肥大した万能感はもろく，わずかな刺激で傷つく（自殺の危険因子）。これは先輩や仲間との交流の中で修正されていく（「夢こわし」氏原寛）。このとき，大変辛い思いをするが，これは自己強化のための必須な試練と考える。この場がまさに学校で展開する。学校というきわめて合理的な子どもの集まり・制度の中でこれがはたされていく。人と人との距離の取り方を学ぶのもこの場である。友だちとの交流が楽しいものであることを実感するのもここ。迂遠なようだが，この交流が自殺の予防につながっている。人間関係のトラブルに，ここで身につけた免疫力が効いてくると考える。

(4) 問題発見の場としての学校

　先に述べたが，自殺を決意した子どもには，いつもの彼（女）とは違った彼（女）の姿がみられる。それは極めて密やかなものであるだけに発見はとても困難である。ここでみられるわずかな違いは，身近に接している家族が気づくことはかえってむずかしい。事故後，家族はたいてい別に変わったことはなかったと証言するのはこのことを言っている。

　近づきすぎる家族に対し，程よき距離から観察できる立場にいるのが教師といえる。近すぎず，遠すぎずという絶妙の位置である。この利を生かさない手はない。しかも子どもの姿は教科指導，特別活動，部活動のみならず，学校生活の中で，あらゆる角度から複数の教師によって観察ができる。これはほかの専門機関，専門職種にはない，はるかに有利な立場といえる。

(5) アメリカの自殺予防教育

　日本でも生きる力を育てる努力はされてきた。ただこの問題を取りあ

げるとき,「生命の尊厳」とか「基本的人権の尊重」とか,とかく抽象的・概念的な指導に流れやすく,子どもたちの心にくい込むことがとてもむずかしかったと思われる。これからは自殺研究の成果をふまえ,具体的でわかりやすい指導法の開発が期待される。

　これについて学ぶべきはアメリカの実践である。アメリカ（自殺率の平均は日本の50％）では古くから教師志望者向けの大学の心理学教科書に,自殺や電話相談の項目が取りあげられている（マッキンドルズ・クープ『思春期 —— その行動と発達のすべて』メディサイエンス社,1985,原著は1961）。学生にとっても自殺は決して特異な話題ではない。

　1980年代になってアメリカの青少年の自殺率が上昇（日本の同年齢のそれよりも高い）した。調査の結果では,若者の自殺の中には精神障害者が多いこと,麻薬やアルコールが関係していること,社会的葛藤がストレスとなって若者を襲っていること,銃の入手が容易であること（わが国とは状況がずいぶん違う）などから明らかとなった。これらをふまえて青少年問題のひとつとしての自殺が取りあげられた。カリフォルニア州やボストンはその中でも熱心な地域で,高校,ついで中学に自殺予防教育が順次取り入れられた。

　「自殺したいと思ったとき,それを誰に訴えるのか」という質問に対し「友人」というのが圧倒的で,しかも若者がその答えに窮しているということが判明した。この現実から中・高校生に自殺とはどういうものであるかを授業の中で教えることになった。その内容は,
・自殺の徴候にはどんなものがあるか
・自殺の危険因子とは何か
・危険な状況にある友人にアプローチするときの留意事項とは何か
・自殺予防の組織や施設（センター）はどこにあるのか
・施設を実際に訪問,見学して担当者から話を聞き,それをレポートする

　この授業を担当するのは,スクールカウンセラーやとくに訓練を受けた教師で,高校では保健の授業の中で行う（ちなみに,自動車の運転免

許もこの保健の授業の中で取る)。いかにも現実的・実際的で私たちの興味をひく。これらの地域では，古くから地域のメンタルヘルス(地域精神保健)活動が活発で，この動きの後押しもあって学校で実践されている。

(6) わが国では

もし，わが国の学校で自殺予防教育を試みようとすると，反論や時期尚早論がでてくる。例えば，子どもの「死」についてもっている意識を調査しようとすると，多くの抵抗に出あう。このことについて WHO は「自殺予防教育は自殺を誘発して逆効果であるとする説があるが，この指摘に問題がないということではなく，このような誤解を招く意見を裏付ける研究上の根拠は存在しない」といっている。つまり死についても「寝た子を起こすな」という姿勢は今日ではもう通用しなくなっている。WHO は最近とても熱心で，自殺問題はマラリアやタバコ関連疾患と同様に考えるべきだと述べ，世界の国々に向かって自殺予防の必要性を訴えている。自殺は予防可能な人間行動のひとつだという主張である。ちなみに「世界自殺予防デー」は9月10日，あのニューヨーク世界貿易センタービルへのテロ攻撃の前日，憶えておきたい(Ⅰ章1参照)。

わが国の自殺予防教育はまだ緒についたばかりである。ほんの一部の教師によって理論化と実践があるが，今後の発展を期待したい。

<文　献>
得丸定子編著『「いのちの教育」をひもとく —— 日本と世界』現代図書，2008
得丸定子編著『学校での「自殺予防教育」を探る』現代図書，2009

Ⅷ章

自殺を読む

1 叱られて ── 「丹後物狂」

　丹後の国，白糸の浜に岩井某なる人がいた。長く子宝に恵まれず，橋立の文殊堂に参籠した折，松に花の咲く夢を見た。そしてほどなく男の子が生まれ，花松と名づけられた。待望の子ゆえにアマアマの育て方となったのも無理からぬ。やがて子どもには学問が何よりと，成相寺なる評判のカレッジに送る。花松君，14歳のことである。大学生活が楽しいらしく，家に帰ろうともしない。しびれを切らした父親は，勉強の進み具合を試問しようと，息子を呼びつけた。

　遊びに忙しい花松君，不平たらたら，帰ったその日に大酒を喰らって寝入ってしまい，翌日に久しぶりの親子のご対面となる。父親は学問の成果いかんと問いただすと，「ボク，仏教学と歌学の単位はとりましたが，法華経の法師品と内典の倶舎論はとても歯が立ちません」とまっ正直に報告した。これに不満な父親を傍で見ていた下男が横から口を挿み，「いや，花松チャンは鞠（サッカー）もうまいし，小弓（アーチェリー）の腕前も相当なもの。簓八撥（エレキ・ギター）は評判です。飲めば裸踊りもやりますよ」とゴマをすった。すると父親は「遊ぶヒマがあったらなぜ学問をせんか」と青すじを立て，「今日よりはそれがしの子にはあるまじ。急いで立て。お前が出て行かぬなら，オレが出て行く」とスゴんだ（見捨てられ体験）。驚いた花松君はションボリと夜に紛れて家を出た（叱られて家出という行動化）。

　慌てたゴマスリ下男，とんだことにあいなった。息子をほめればご機嫌と思って言ったまで。全責任はワシにある…。エエッ！　花松殿が橋立で入水？　なんの面目あって生き永らえよう。死んでお詫びをするほかない。下男は後を追って橋立へ。青い海を眺めると怖くなって身の毛がよだつ。そこで「目を塞ぎ走り飛びに致して身を投げ」（後追い自殺）ようと試みるが失敗（未遂）。さても命は惜しいものかな…，命を失くし

ては花松殿にご奉公もならぬと思い直す。

　花松君入水は実は誤報（あいまいな情報）。入水したものの，幸い人に救われて（未遂），筑紫彦山で学問に励む（未遂後の立ち直り）。それにつけても思い出されるのは国に残した両親のこと。親の行方を尋ねてはるばる丹後の国に帰ってくる。里人に親の消息を尋ねると，事情があってここにはいないという返事。がっかりした花松君，もしも親がこの世におわせば御逆修にもなろうかと，ゆかりの文殊堂で公開説法を催すことになった。

　チョットした言い過ぎでひとり息子を失った親は（親の悲嘆），「十四，五歳の迷子をお見かけになりませんでしたか」と諸国を巡るうちにとうとう気が狂ってしまう。別に息子をとがめたのではない。あの下男の奴めがつまらぬことを言いおったばかりに「荒々と叱る」破目になったのだ。あの時は恨めしいと思ったエレキも今となっては懐かしい。悔やんでも悔やみきれないこの無念…。

　顔をあげると，「本日，文殊堂にて御説法」の貼り紙が目についた。入ろうとすると，受付が物狂いの人はお断りと冷たい。そこで「物狂いも思う筋目」，のべつ狂ってばかりいるのではない，説法の間はおとなしくしているからと押問答のあげくやっと入れてもらったものの，やはり中で狂って座が白けてしまう。

　ところがどうだろう。よくよく見ると高座の説法僧は，わが子花松とそっくりではないか。昔の面影がある。一方，高座の青年僧花松君，先刻から騒々しい物狂いが目にとまった。見ると昔の父親とすこしも変わらぬではないか。そこで高座から転がるようにおりて，抱きあって倒れ伏したのだった。

　室町時代，世阿弥の能「丹後物狂」のあらすじである。おそく生まれたひとりっ子を溺愛する気短で気弱な父。子どもを出世コースに乗せようと，学業成績だけに気を奪われる。一方親許から離れたものの，ほんとうの自立にはほど遠い坊ちゃん育ちのひ弱な息子。親の小言を見捨て

られたと早とちりし，家出のあげくの自殺未遂。おまけに下男の誘発自殺企図。室町の親の子探し，子の親探し。

　思い立って今年の元旦，天の橋立の文殊堂を訪れた。おりからの大雪で道はすっぽりうずもれていたが，若い男女の参詣人で賑わっていた。その名から，学業成就を願ってのことだろう。文殊堂はいかにも古いたたずまいである。そこに立った青年僧の説教のさまを想像してみた。寺の発行したパンフレットには臨済宗妙心寺派，天橋山智恩寺（切戸文殊堂）とあり，縁起が詳しく述べてある。それがどういうわけか，この物語は載せられていない。

　　　　　（『日本古典文学大系 40　謡曲集　上』p.201，岩波書店）

2　榎の天辺から ── 「頸縊り上人」

　小原(おはら)の光明院に寂真法師という上人（65歳）がいた。周囲の信望厚く，帰依する僧俗も多かった。その頃の習いとして，（大人の）男がしばしば児(ちご)のもとに通うということがあった（幼児愛）。彼もその一人で，可愛がっていた児がおこり（伝染性の熱病マラリア）にかかって急死した。上人の嘆き悲しみは常でなく，寂光浄土に早く往生したいとの思い（再会の願望・後追い）が高まり（自殺念慮），37日間は無言して（うつ），結願の日には首を縊(くく)って往生しようと心に決めた（自殺決意）。

　しかし，決意はしたものの，自分ひとりで決めただけでは心が変わることもあるかと心配した寂真は，先輩の顕真上人を訪ねてこのことを打ち明けた（行動の変化）。はじめは心得ぬと思っていた顕真だが，それは立派なご信仰と肯定するのみか，奨励さえもした。寂真は心のうちを打ち明けると，「心のうちが秋の空のように澄みわたる心地がした」（緊張の解放）。

　ところが顕真は，寂真の信仰が立派であることを人に知らせたいとの思いからつい他言してしまった。それが噂となって都にひろがり，寂真

の信仰をたたえて小原に人が集まり，そこで17日の間，往生講が営まれた。「日に千万という数を知らず」といったありさま。整理・取締りの警官（検非違使）が動員され，日一日と上人を拝もうという人が増えた。引くに引けぬ状況ができあがってしまった。

　僧俗男女にほめそやされると（有名人化），寂真の中に名聞の心がはしなくも萌し，結願の日が近づくにつれて物憂くなった。そればかりか，児を追慕し，かなしむ思いが次第にうすれてしまった。寂真は顕真がうっかりもらしたことを恨みに思うようになった。心変わりが萌して，何か天変地妖でもないか，謀反がおこらぬか，はたまた中宮が懐胎すれば勅諚が出て，往生の日を延ばせるかも知れずなどなどと，あれこれひそかに思うようになった。

　決行予定の前日になると死ぬことがおそろしくなって，たれか死ぬなと言ってくれる人がひとりくらいは現れてもよいなどと期待したが，みんな死ねよ死ねよと言う人ばかり，「げに頼りがたきは人の心」などと焦った。

　寂真の姉の子で，学問の師でもあった右大臣頼文卿がいた。彼が熊野詣からの帰りに，小原に行くという話があった。彼が死ぬのを止めてくれるかも知れずと一縷の望みをかけたが，「往生の姿を見奉りたい」という話で，これまたガッカリ。

　結縁の当日，朝，猛火烈々たる火の車の夢をみた。大雨か大嵐ならば先に延ばすこともできると考えたが，あいにく「晩秋の空はなごりなく晴れる」さま。周りに念仏のこえがたかまり，亥の刻になるとそれが最高潮に達し，5万の群衆が集った。

　そこに寂真の名声をねたんだ覚正法師があらわれ，寂真の往生を妨げようとはかる。

　覚正「凡夫のこころは刹那の間に，とかく変わる習いに候へば，もし妄執も残り，他に思し召すことあらば仰せられよ…」（援助的助言）

　寂真「…今は心ゆるみて，いそぎ死せばやとも覚えぬぞ」（本心，思い直し）

これを聞いた弟子たちは尊敬していた師の変心をののしり怒る。弟子たちは老いさらばえて手足がふるえる寂真を，あらかじめ定めた榎木の上にほうり上げたので，寂真は不承不承に登る。群衆はののしりのことばをあびせる。この雰囲気に押されて寂真の手はふるえて縄が頸にかからない。寂真はあわてて足を踏みはずし，「大地の上に，地ひびきを立てて落ちた」。見物人たちはどよめき笑った（事故？）。

ひしがれた体からは異霊が薫じて（極楽往生の証し），あざけりの声が消え，称名の声がしばらくは大地をふるわせた（自殺念慮から決行に至るまでの長い道のり）。

(『菊池寛全集』第2巻 p.236～243，文藝春秋)

3 一本の竿 ──「身投げ救助業」

明治になって，京都に疏水が引かれた。幅は十間，深さは一丈で，水がとてもきれいである。両岸には蒼いガス燈が烟り，先斗町あたりの絃歌が聞こえてくる。後には静かな東山がたたずむ。こんな所に年に100人もの入水者がでる。

身を投げた人は本能的に助かろうとするのか，悲鳴をあげる。縄を投げればたいていはこれをつかむ。生きようとする本能だろう。

武徳殿近くの木造の橋は身投げの名所のようになっている（自殺地の名所化）。その橋の下流の疏水にそって駄菓子を商う一軒の小屋があった。主は背の低い老婆で，身投げの悲鳴を聞くと，用意の長い竿を持ってうめき声を目当てに飛び出して行く。竿をさし出すと手応えがある。野次馬の誰かが交番に走る。数を重ねるごとに老婆の腕はあがった。さし出す竿を拒んだ者は一人もない（危機への直接的介入）。

当時，一人の身投げ人を助け出せば，人命救助者ということで褒賞に添えて一件につき1円50銭の賞金が下りた。老婆はそれを郵便局に貯金した。ある時は18歳の娘を救って，警察に同行しようとして橋を渡

ろうとした時，巡査の隙をみて身を投げた例（未遂者の再企図）もあった。この老婆には死んだ夫との間に二人の娘があった。浴衣地をねだられると，こんど1円50銭もらってからといいくるめた。時に，今夜はあかんとぼやく。

　そこに娘に縁談がもちあがり，遠縁の次男を養子に迎えることになった。老婆は貯めておいた金で店を大きくしようとの算段であった。ところがその矢先，娘が旅役者といい仲になり，こともあろうに虎の子の貯金通帳をもって二人で出奔してしまった。裏切られた老婆は驚愕と絶望のどん底に落ちる（危機と喪失体験）。そこで娘たちへの見せしめのために投身を決意（短期間の決意）し，例の橋でずり落ちるように身を投げた（決行）。

　気がつくと老婆の周りは巡査と野次馬。助けたのは色の黒い四十男。老婆はこの助けた男を恨み，烈しい怒りが自身の中に充ちた。事情を知らない男は「もう一足遅かったら死なしてしまう所でしたよ」。巡査は「助ける側のお前がやったら困るなあ」。

　その後老婆は自殺する力さえなくなって，淋しく力無く暮らした。老婆の家の背戸にはあの長い竿が立てかけてある。然し，あの橋から飛び込む自殺者が助かった噂はもう聞かれなくなった。

（『菊池寛全集』第2巻 p.12〜17, 文藝春秋）

4　苦沙弥先生 ── 「吾輩は猫である」

　明治以降の若者の歴史の中で「自殺」は重要な一章だ。すでに明治の半ばに，死や自殺はつぎのように話題となっていた。独仙君と苦沙弥先生の問答の中につぎのようなくだりがある。

　「『死ぬ事は苦しい，しかし死ぬ事ができなければなお苦しい。神経衰弱の国民には生きている事が死よりもはなはだしき苦痛である。したがって死を苦にする。死ぬのが厭だから苦にするのではない，どうして

死ぬのが一番よかろうと心配するのである。ただたいていのものは知慧が足りないから自然のままに放擲（ほうてき）しておくうちに，世間がいじめ殺してくれる。しかし一と癖あるものは世間からなし崩しにいじめ殺されて満足するものではない。必ずや死に方に付いて種々考究（こうこう）の結果，斬新な名案を呈出するに違いない。だからして世界向後の趨勢は自殺者が増加して，その自殺者が皆独創的な方法をもってこの世を去るに違いない』
『大分物騒なことになりますね』
『なるよ。たしかになるよ。アーサー・ジョーンスと云う人のかいた脚本のなかにしきりに自殺を主張する哲学者があって……』
『自殺するんですか』
『ところが惜しい事にしないのだがね。しかし今から千年も立てばみんな実行するに相違ないよ。万年の後には死ぬと云えば自殺よりほかに存在しないもののように考えられるようになる』
『大変な事になりますね』
『なるよきっとなる。そうなると自殺も大分研究が積んで立派な科学になって，落雲館のような中学校で倫理の代りに自殺学を正科として授けるようになる』」（夏目漱石『吾輩は猫である』下，p.256，岩波文庫）

　この漱石の酒脱な文章の中に彼一流の辛辣な文明批判を読みとることができる。ここに出てくる「自殺学」の語は筆者には驚きであった。おそらくわが国では初出ではないかと思われる。今日ではアメリカの大学で自殺学の講義は別に珍しいものではなく，専門辞典も出ているほどである。それがすでに明治に語られていたのである。

　漱石は死や自殺に対して強い関心をもっていた。全作品の中で「死」については211回，関連語は100回をこえ「自殺」は32回，関連語は11回，「自殺学」はこのほかに「明治38・39年，断片32E」第19巻 p.207～208に出てくる（『漱石全集』第28巻　索31，p.278，岩波書店）。のち自殺学の名があらわれるのは稲村博『自殺学』（東京大学出版会，1977）においてで，これは自殺の全体を学問的にまとめた基本的文献である。

5 フランス人，いじめを観る
── 「自死の日本史」

　かつて東大でフランス文学とフランス思想を講じたフランスの秀抜の日本学者，日仏学院院長でもあったモーリス・パンゲ（Pinguet Maurice, 1929〜1991）に『自死の日本史』（竹内信夫訳，筑摩書房，1984）という大著がある。この本は「意志的に選び取られた死を通じて現れた日本精神の光輝と，その光輝が必然にともなう陰影とを描き出し，その深い意味を問おうとした」もので，古事記からはじまり，三島由紀夫の自決に至る日本の歴史の中にみられる自死（殺）を検討している。その冒頭の部分 ── おそらくあとから日本版のための補追 ── につぎのような記述がみられる。少し長いが引用しよう。

　　いじめ自殺
　「個人の脆さはその環境が個体を支配する緊張の強さに比例する。いじめという新しい現象も昔と同じ法則に従っている。ローマ時代の奴隷，江戸時代の遊女，屈辱を感じいじめを受けている生徒たち，彼らは皆自殺することによって，身に受けた不正義に対して死をもって応えることしかできない，抑圧された者の叫び声を聞かせているのである。いじめは常に存在していた。ただ，人がそれを見ようとしなかっただけだ。しかしある日，あまりにひどい仕打ちを受けたひとりの被抑圧者が，その哀れな勇気を奮って，この地獄から抜け出す決心をする。そのときひとつの道が開かれたのである。彼らは自分を追い詰めた者を追い詰めてやろうという気持ちさえ抱くかもしれない。昔，菅原道真の怨霊がそうであったように。

　このいじめによる子どもの自殺…多分いつかは，それが出現したときのように忽然と姿を消すのではなかろうか。昭和のある時期数年間の歴史の中で，それはひとつの時代のしるしとなるであろう。ちょうど鎌倉時代の阿弥陀教徒の補陀落渡海や，十四世紀の集団セップクあるいは江

戸初期の殉死がそうであったように。そしてその意味は曖昧なままに後世に解くべき謎として残されるであろう…」（p.7〜8）

いやはや，グローバルというか，日本の思想史を大観してというか，私たちが取り組んでいる「いじめ自殺」の問題を歴史の中に位置づけようとしている。筆者はいたくその記述のスケールの大きさに感動した。いじめ自殺は「忽然と現れたように忽然と消えていく」，さらに，この不可解ともいえるいじめ自殺は「後世に解くべき謎として残されるという…」，なんと壮大ないじめ自殺論，フランスの碩学の面目躍如としている。

（注）補陀落渡海（ふだらくとかい）南方海上に観音浄土があるという信仰から，その補陀落世界に往生することを念じ，死を決意して海に漕ぎだすこと。捨身往生の形のひとつ。その多くは海上で石を抱えて入水したという。足摺岬，室戸岬などがその出発地となった。

6 リストカッターの日記
——「卒業式まで死にません」

思春期の自殺にはその周辺に多彩な自己破壊行動 —— 例えば無謀なオートバイ運転（この世代の男性の死因第1位は交通事故死）・極端な摂食異常（拒食，過食）・家族への暴力・性的脱線・有機溶剤乱用，それに自傷・自損行為の繰り返し・向精神薬への依存など —— がある。いずれも対応には多大なエネルギーを必要とする。これら一連の問題行動は一見自殺とはかかわりがないと思われがちであるが，彼らと話しあってみると，自殺に至る心理と多くの共通点があり，いずれも思春期の心性と深いかかわりがある。

『卒業式まで死にません』は南条あや（1980〜99）の1998年5月28日から1999年3月17日に至る日記であるが，その前篇として「いつでもどこでもリストカッター」と，末尾には死を前にした4編の詩が配されている。

多分に挑発的な書名であることからこの日記が出版されると，これが

ネット上に公開され，著者はメンタルヘルス系ライターとしてアイドル的存在となる。同世代の高校生を中心に多くの読者をとらえ，フォロワーも現れた。

　南条あやは両親が離婚し，父娘2人で生活することになる。小学校6年のときにいじめを体験し，不登校となった。中学校に入ってからしばしばリストカット（手首自傷）がはじまる。彼女は，音楽・ファッション・芸能界にも強い関心をもつ，今日的なユースカルチュアの中に生きる高校生であった。高校3年のとき精神科の閉鎖病棟の入院を体験した。高校は卒業したが日記にある通り卒業式の20日後に，1人でカラオケボックスに入り，大量の向精神薬を飲んで帰らぬ人となった。

　この経過と体験，それに感想を記したものが本書である。要点をなるべく本人の記述をもとにまとめてみる。「　」は本文。

　中1　「自分が自殺したいほど悩んでいるって分かれば，みんなも少しは同情してくれるんじゃないか」と浅く剃刀をあててゆっくりと横に引いて，血がぶくっと出れば終了するところからはじまる。クラスメイトはなんとなくそれを察知する。リストカットが「自分を回復する手段ではなく，何か儀式のようになり」癖になる。このころ『完全自殺マニュアル』（p.210）を読む。父親はいずれにも気づいていない。

　中2　剃刀のコレクションを大量に買い込み，父親の注意をうける。クラスメイトを驚かせてやろうとして手首を切る。クラスメイトは悲鳴をあげる。「かなりの変わり者」という評判が立つ。リストカットをした時，その腕を振ると，流れた血が教室の壁につき，それがきっかけで担任が知ることになる。

　中3　自分がリストカッターであることを自認する。あれこれ関連する雑誌などの記事を読みあさる。仲間には猫が引っ掻いたといっておく。仲間はそれ以上の仔細を聞くことはなかった。

　高1　二の腕を縛ってリストカットをすると，血が15cmほど威勢よく出る。その傷口をみてステキと思う。湯槽を真っ赤に染めては喜ぶ。保健室から注射器を盗んで，見よう見まねで採血遊びを繰り返す。

高2　友だちの母親が看護師で,そこから注射器を手に入れて採血遊び。「内出血で青痣ができてジャンキー（麻薬常習者）な腕」になる。友だちからも「変な人」と思われる。医師が処方した向精神薬を大量にのみ（オーバードース),ふらふらしながら登校することもあった。

　高3　耳鳴りに苦しむ。耳鼻科を受診すると風邪といわれ,内科に行けば微熱があると風邪薬を処方される。不眠を担任に訴える。学校行事の1泊旅行があり,出かけたが途中で歩けなくなってしまう。このことがきっかけで担任（35歳,女性）から治療をすすめられ,病院を紹介される。自分は内科と思って行ったが,精神科だった。これで学校を休む理由を手に入れる。それでもリストカットは続く。「7月2日,静脈までリストカットして,ゴミバケツに溜まった血をトイレに行こうかと台所に向かう途中,貧血をおこし,そこらを血だらけにしながら倒れ」る。「あんなに死にたがっているくせに,死に直面すると怖くなる。弱虫。意気地なし。結局は（仕事場にいる）父に電話して,『救急車呼んでいい？』と聞いて救急車を呼んでもらい,20針から30針縫うというめにあう」。期末試験を受けないと留年になるということで,「這いつくばるようにして登校,専ら名前を書いて提出する」。地獄の4日間。

　ここに至る間に,2か月入院。「医師は薬のことを知らない普通の娘として接し」ていたが,処方された多種多様の向精神薬についてその効き目を,あたかもソムリエがワインを批評するかのような文章が続く。家を離れての入院生活は快適で,病院は「天国のような場所」,「故郷は病院」という。このあともリストカットが続く。英文法の教師が気に入らず,気がついてみると,血塗れ。診察待ちの時間,近くの公園のベンチに座っていると「いつの間にか切れている。バスの中で手のひらを切り,バスの乗客が驚く…」。このような記述が延々と続く。

　この本の印象を手短に記すと,
・リストカットをする時の状況,その時の心境,また周囲との人間関係が具体的に記述されている。他のリストカットをする人たちと共通する。

- 明るく，弾んだ，歯切れのよい文体，これに引かれる読者があるのも理解できる。率直に自分自身を語っている点は魅力的でさえある。同世代の高校生をはるかにしのぐ文章力。多くの雑誌にも投稿している。
- 全体に一貫するのは見捨てられ感とそこはかとなく伝わるわびしさ・孤独感。
- これはリストカットの予備軍（また現に体験しつつある人）に共感・同調を生む可能性がある。インターネット上で彼女のファンができ，葬儀に行けなかったファンは「ネット葬」なるものを行ったという。
- 援助や指導という視点から読むと，危機介入（指導）の機会が全くなかったわけではない，あの時，それに気づいていたならばという個所は多々ある。ただ，面接の折など，彼女は巧みに相手（医師・教師など）の話に合わせる能力を持っているので，容易に本題に近づくことはできない。
- 全編を通じて医療との接触はみられるが，対応は十分ではない。ことに向精神薬の処方については考えさせられてしまう。今日の精神科医療の暗部を拡大鏡でみる印象がある。巻末に20種に及ぶ向精神薬品名があげられ，用法解説が付記されているが，これがどんな意図でつけられているのか。もちろん編集者によるものだが，これを放っておいてもよいのかと懸念がある。
- それにしても，全編にみなぎる「自己愛」的傾向。かつて思春期に特有とされた対人関係における危機的葛藤やそれに由来するストレスは，なぜかここでは影をひそめている。また近ごろ若者の対人恐怖症が減少していると専門家が指摘するが，この傾向とはパラレルな関係があろう。若者の自己形成という視点から，これをどう考えたらよいか。
- また，精神科（心療内科）の領域で，向精神薬が多く処方されるらしい。この薬が効いて長期にわたる緊張がほぐれて「ほっとした」精神的状況がつくられる。これが「魔の時」ではないか。これが自殺志向をもつ者に決行のきっかけをつくるかもしれない。通院中の事例の中

に突然自殺する事例があるという。また中には向精神薬を多量にためこんで，それを売買するケースがあるとも聞く。薬物のもつ「影の世界」を考えざるを得ない。

（南条あや『卒業式まで死にません』新潮文庫，新潮社，2004）

7　自逝センター ── 「自殺自由法」

　2006年に自殺対策基本法が成立した。ここには自殺対策についての国や自治体の役割が明記され，この領域の法律としては画期的なものである。かつてコレラや結核が流行した時には，それぞれに対応するため伝染病予防法・結核予防法の法律ができ，その対策が進むにつれこれらの病気がおさえ込まれ，公衆衛生の水準が格段に向上したことが知られている。ただ自殺問題の場合，感染症対策とはちがった困難が予想される。国家が法をつくって自殺対策に乗り出す例は外国でもそれほど多くはない。

　そこに戸梶圭太の小説，『自殺自由法』（2004）である。これが基本法（2006）に先立つ2年前に発表されたのはなんとも皮肉だ。タイトルがひと目をひき易いので，これを手にした人も少なくない。この小説の中で，自殺自由法は，「国や自治体には個人の意志による自殺行為を止めることが禁止され，自殺しようとする意志をもつ個人（自逝希望者という）に対して，自治体は然るべき施設（自逝センター）を提供し，個々に定めた方式で自逝行為を幇助することが義務づけられる」という。小説はこの自逝センターを訪れる人の昔と今を描く。

　自治体が運営する自逝センターは，さまざまなサービスを提供する。例えば24時間の自逝相談会を開き，そこで執行の手続きを説明し，参加者の質疑に答える。役所が雑誌に自逝を勧誘する広報をする。自治体は，自逝センター行きの鉄格子のはまった白塗りのバス（白バス）を用意し運行する。警官や警備員も配置される。センター前には呼び込み係

りまである。自逝希望者は車や自転車でセンターに行くことは断られ，電車または徒歩で行くことになっている。「最後の部屋」と呼ばれる所には写真とアクセサリは持ち込み可，遺品は格安の価格で引き取られる。ただし家族・友人へのメッセージは預からない。ともかく，「あなたの自逝にかかわる労力はセンターが負担し，無理せず，痛みもなく人生をしめくくるシステム」である。当然マスコミが注目するが，取材はシャットアウト（のちに解禁するが）。ここが日本で一番新しいタブーとなる。

ここを利用する人たちは，農家の娘・ヤクザ・板前・ギャンブラー・モデル・囚人・前科者・雑誌編集者に不良女子高校生など。彼らがセンターに行こうとする状況や決心の過程がそれぞれちがい，それが細かに描かれる。執行の日が掲示されるが，当日は，希望者が押しかけ長蛇の列ができる。東京ディズニーランドからも白バスがでる。

「なんで死ぬの」「いいじゃん別に」「自由に死ねることはなんとすばらしいことか」「自殺をいけないと言ったのは誰！」「あなたにはあなたのライフデザイン，ライフエンドがある」などのことばが聞こえる…。

小説とはいえ，かくも軽々しく自殺が語られる例を私は知らない。ここに出てくる自逝希望者はみんなないないづくし，出口がみつからない，お先真っ暗なワケアリの人たちだ。しかし絶望的ではない。また死に向かう人が普通もつような深い苦悩や不安はみられない。なにかアッケラカンとしている。

筆者は，作家といわれる人は，ともかく人生や死に対して真摯に立ち向かう人と考えてきたが，この小説では人間の尊厳の片鱗もうかがうことができない。自殺予防に取り組んでいる人たちに，高見から冷水をあびせる感がある。たしかにその方が小説としては面白かろう。だから売れる。作者は逆説を得意とする由だが，あるいは反面教師かも。

死が軽々しいものとなれば，軽々しい自殺がでてきても不思議はない。あまりのバカバカしさに，この小説が自殺を誘発することはあるまい。第2部にある「自殺自由法についてのアンケート」の結果のまとめは，一般市民の自殺権を示して興味がある。

国が自殺とかかわる物語に，サバイバル極限のマンガ，森恒二の『自殺島』がある。これは，自殺未遂を繰り返す者への対策に費用がかかりすぎるということから，国が彼らを無法島と呼ばれる離れ小島にとじ込める。そこでは彼らは生きる権利を放棄した者として扱われる。彼らは「死ねなければ，生きるしかない」状況にあって，ここに集まった仲間との間に展開する葛藤・孤独・対立・脱出という設定となっている。この作品は『自殺自由法』と同様，死の問題を制度・施設に丸投げしている。

　このマンガの読者は自殺未遂について，はたしてどんなイメージをもつのであろうか。

　　　　　　　　　　　　（戸梶圭太『自殺自由法』中央公論新社，2004）
　　　　　　　　　　　　　（森恒二『自殺島』1〜，白泉社，2009〜）
　　　死というは　日用品の中にあり　コンビニで買う　香典袋
　　　　　　　　　　　　　　　　　　　　　　　　　　　（俵万智）

8　自殺の指南 ── 「完全自殺マニュアル」

　筆者は研究室備えつけの図書を学生に自由に貸し出すことにしていた。若者の関心を引くような本は常に取りそろえていた。この図書の中で一番貸し出しの多いものは鶴見済『完全自殺マニュアル』（太田出版，1993）である。学生はこの本が他の本と装丁がきわだって違っているので目ざとくこれをみつけては借りていく。中には「先生，こんな本を読むのですか」と怪訝そうな顔つきをする。返却されたかと思うとまた次の学生が借りていく。若者の自殺に対する関心は相変わらず衰えていないことを示している。

　「死にたいヤツは勝手に死なせておけ。自殺は決して悪いことではない」という著者の端的なメッセージが，書店に立ち寄る人たちにバカ受けして版を重ねた。

自殺自由論は自由と道徳のディレンマをすり抜ける論理として，古代ローマのストア派の哲学者にその源を求めることができ，とり立てていうほど新しい主張ではない。社会思想研究家，須原一秀はその著『自死という生き方』(双葉新書，2008)で自殺を哲学的社会学的に肯定し，「潔(いさぎよ)い死」を唱え，自殺を周囲に予告し，神社の裏山で縊死した。頸動脈は裂かれてあったという。

　自殺肯定論に立ち，辛辣にしてユーモアに富むルーマニア出身のフランス現代哲学者，シオラン(Cioran, 1911～1995)は今も若者の間に人気がある。彼は『ニューズウィーク』誌記者からインタビューを受け，「自殺はあなたの作品の重要なテーマだが…」という問いにつぎのように答えている(1985年12月14日号)。「自殺の観念は終始私につきまとって離れないし，それが私に力を与えてくれる。自殺の可能性がなかったならば，私はとうの昔に命を絶っていただろう。自殺志願者が相談にくると，私は『自殺こそ積極的な行為，いつでもできる。どうしてそう急ぐのだ。落ち着け』という。すると彼らの気持ちも和らぐ。人生には意味がなく，死ぬために生きているだけだから，いつも好きな時に終止符を打てることを知っておくのはよいことだ」と。それもあってか，フランスではほぼ20年を周期に間歇的に自殺を肯定する本が出版される。

　もちろん専門誌はこの「マニュアル」の出版を無視した。ただ30誌あまりのイエロージャーナリズム(ヤング・アダルト向け週刊誌)がこれを取りあげた。そこに登場する著名な執筆者は自殺に関心はあるが，自殺に関する基本的知識が乏しいと思われ，自殺予防にいたっては全く彼らの視野に入っていない。自殺予防活動に冷水をかける文筆家はいつの時代でもどこにでもいる。

　この出版に引き続き，同著者は『ぼくたちの「完全自殺マニュアル」』(太田出版，1994)を編んだ。本書についての536通の投書を編集したもので，この投書のうち84.3%が自殺に肯定的であると誇らしげに書いている。そこでここに掲載されている投書を三つに分類してみた。

① 興味本位で読んだ者 ── 「笑いながら読ませてもらった」，「最高

におもしろかった」，「暇つぶしになった」等々。雑学的な興味，また娯楽本・オフザケ本として読む。
② かなり真剣に自殺を考えたことがある者 —— 一見新鮮にうつる切り口から，新しい情報を得たり，自分の考え方を相対化することに役立てた者，また死への緊張が解けて気が楽になったとする者。
③ いま真剣に自殺と向かいあっているごく少数の者 —— これらの少人数のグループに本書が決行のヒントを提供することになるのかどうかを推測するのはむずかしい。これらが絶無であろうとは言い切れないところに本書の問題がある。

　言論・出版の自由を旗じるしに，今後この種の出版物が後を絶たないものと想像される。例えばマリファナの効用を説く本や，犯罪の手口を教唆する類の出版物が続々と街に出回っているのと同様に。そもそも出版活動は世の常識に抗(あらが)い，それを批判することを使命として出発したという歴史がある。そのためにしばしば出版者や著者は時代の受難者でもあった。この長い歴史の中で今日の「言論・出版の自由」の権利が確立されてきた。問題を含む著書の出版の規制を考えるよりも，出版活動を通じて自殺予防に関する国民の意識を啓発・教育することを考えるほうがはるかに有効である。

　余談にわたるが，電話相談活動の体験からいうと，どのような方法（手段）で自殺しようか迷っているという問いかけによく出あう。ひたすら訴えに耳を傾ける（1〜2時間）ことにより，それなりに落ちついていく。これに対し，死の衝動が抑え切れない，死のほか問題解決の手段がない，また生きる意味を全く失ったという実存にかかわる話題が根底にひそんでいる事例のほうが，たとえ死や自殺ということばを口にしなくても緊迫感が高いという印象がある。真に自殺を考えている人にとって自殺の方法（手段）は第一義的なことではないらしい。
（鶴見済『完全自殺マニュアル』，『ぼくたちの「完全自殺マニュアル」』太田出版，1993，1994）

Ⅸ章

自殺を描く

1　ブリューゲル ── 「サウルの自殺」

　イスラエルの民は，カナン進出にあたって先住民たるペリシテ人の激しい抵抗に出あった。その一進一退の戦況は『旧約聖書』（「サムエル記」「列王記」「士師記」）に活写されている。
　フランドル出身の画家ブリューゲル（父）（1520〜69）はその中のエピソード，「サウルの自殺」を描いている。この絵をみると，イスラエルの民を迎え撃つペリシテ人の方が断然優勢で，イスラエルは苦戦を強いられており，やがて敗退する。サウルらの姿は左端に小さく見える。事の詳しい次第はこうである。
　「…お前の剣を抜き，わたしを刺し殺してくれ。あの無割礼の者ども（ペリシテ人）におそわれてなぶりものにされたくない。だが従卒は非常に恐れ，そうすることができなかったので，サウルは剣をとり，その上に倒れて伏した。従卒はサウルの死んだのをみると，自分の剣の上に倒れ伏してサウルと共に死んだ」（「サムエル記」上 31：4〜5）
　政治的軍事的に極度な絶望状態における自殺（自刃）であり，その場にいた兵士もこれに従ったのであるから，自殺の連鎖といえる。
　画面の大半が長槍・甲冑に身をかためた雲霞の如きペリシテ軍で，16世紀から数多く描かれた戦闘画の伝統に従っている。自刃の場所は左端の断崖のテラス（洞）で，剣の上に倒れるサウルとその従卒がみえる。背景は雄大な断崖絶壁となっているが，カナンにこのような風景があるわけはなく，ブリューゲルが若いころイタリアに遊び，アルプス越えをした時の体験がもとになっているのだろう。
　この絵をウィーン美術史美術館で見たのは留学中の斎藤茂吉である。彼は 1922 年 1 月 22 日，ここを訪れ「保元亂の絵巻に對うような気持」であったと書いている。彼は子どものころ武士の自害図をいろいろみていたらしいが，この絵をみて「一つの感動がおこった」と記し，東洋画

（部分）

（全体）

〔ブリューゲル（父）「サウルの自殺」1562, 板油彩　33.5×55.0cm　ウィーン美術史美術館〕

IX章　自殺を描く

との関連にまで想いをはせた（「ピエテリ・ブリューゲル」『斎藤茂吉全集』第8巻，p.17〜21）。青山脳病院の院長でもあった彼は，しばしば患者の自殺に出あい，その痛恨の思いを『赤光』(1913)に残した。『癡人の随筆』の中に「12 自殺憎悪」，「13 フォビア・テレフォニカ」の2編があり彼の自殺観を知ることができる（『斎藤茂吉全集』第9巻，p.379〜383）。また彼は1924年11月2日にフランスのオーヴェル（Auvers）のゴッホの自殺現場とその墓を訪ね，そこでゴッホの主治医ガッシュの息子のDr.ガッシュに会っている。彼は自殺に深い関心をもった歌人のひとりといえる（「オウヴェル行」）。

昨年の初夏，ウィーン美術史美術館を再訪した。若き日の茂吉の感動を思い浮かべながら，あまり知られているとは言えないこの「サウルの自殺」に静かに対面できた。

なおついでながら，のちにイスラエル王となるダビデはサウルと対立していたが，サウルの息子ヨナタンとは親しい仲であった。サウルとヨナタンがともに戦場にたおれたとの報せを聞き，ダビデは著名な哀悼の歌「弓」を詠んだ（「サムエル記」下1：19〜27）。イスラエルのこの悲劇がダビデによって格調高く歌いあげられ，旧約文学中の白眉とされている。わが国の旧訳（文語調）は朗々と唱するに足る名訳で，明治期翻訳文学の秀作である（聖書にはこのほかユダの自殺の記事がある〔「マタイによる福音書」27：5，「使徒言行録」1：18〕）。

落ちのびし王のむかいて慰むる洞のかずを幾つか持ちけむ（斎藤茂吉）

2　ホガース ──「ジン横丁」

ロンドンのウエストミンスターのセント・ジャイルズにあるスラム街の一角。泥酔のため，赤ん坊をほうりだしてもなお飲み続ける自堕落な母親。その前には痩せほそった男が『マダム・ジンの堕落』という詩集を籠にいれ，片方の手はグラスをはなさない。階段の横に構える居酒

〔ホガース「ジン横丁」1750，銅版　14 3/16 × 12ins.〕

屋「ジン・ロイヤル亭」は大入り満員の繁盛ぶり。その前を見ると瀕死のアルコール依存症患者に，最後のジンを飲ませる介添え人がいる。かと思えば赤ん坊にもジンを飲ませる母親がいる。その向こうにはふいごを頭に乗せ，子どもを串刺しにした千鳥足の男が見える。広場ではアルコール依存らしい母親が棺桶に入れられ，その横にはその子とおぼしき子どもが泣いている。一方，居酒屋の向かいの質屋（3つの丸があるカンバンが示す），ここだけは景気がよい。大ぜいの客が押し寄せている。大工がコートと商売道具の鋸を，おかみが鍋釜を質草としてもち込んでいる。向かいの廃屋とは対照的だ。ジンをテーマとしているが，画面全体は死のイメージに満ちている。さらに目をこらすと，右上の廃屋の2階に首を縊っている人がぼんやりみえる。いやはや，ハチャメチャな風景，アルコールが低俗と貧困，犯罪，それに死をもたらすことを示している（アンタル『ホガース』英潮社，1975，櫻庭信之『ホガース論考』研究社，1987）。

　ホガースはまた油彩の名手でもあった。その作品はテイト美術館（ロンドン）に豊かである。

　やがて世上，アルコール問題が関心を引き，ジンに代わってビールがすすめられた（ホガースに「ビール横丁」がある）が，問題が解決したわけでなく，19世紀のイギリスではアルコール問題は深刻で，その対策のひとつとして庶民に国の内外に旅行することが推奨され，旅行業という職業ができてきた（ツーリズム）。アルコール依存と自殺との関連はいまでも論議が続いている。

3　ミレィ ── 「オフェリア」

　ミレィ（1829～96）はラファエル前派のすぐれた肖像画家。アカデミックな画風と高い写実性，それになにより甘美な感傷で今なお人気が高い。昔，筆者がテイト美術館でこの「オフェリア」を見た時の印象はいまだ

〔ミレィ「オフェリア」1852, カンバス油彩　76.2×111.8cm　テイト美術館ロンドン〕

に忘れがたい。ハムレット(「狂人」の意)との恋に破れたオフェリア(「助け」の意) が入水した場面である。その次第はこうである。

王妃　小川のほとりで柳の木が斜めに立ち,

　白い葉裏を流れに映しているところに,

　オフェリアが来ました, キンポウゲ, イラクサ, ヒナギク, それに口さがない羊飼いは卑しい名で呼び,

　清純な乙女たちは死人の指と名づけている

　紫蘭の花などを編み合せた花冠を手にした。

　あの子がしだれ柳の枝に花冠をかけようとよじ登ったとたんにつれない枝は一瞬にして, 折れ,

　あの子は花を抱いたまま泣きざわめく流れにまっさかさま。裳裾は大きく広がって,

　しばらくは人魚のように川面に浮かびながら古い歌を口ずさんでいました,

　まるでわが身に死を知らぬげに,

　あるいは水のなかに生まれ, 水のなかで育ったもののように。

　だがそれもわずかなあいだ, 身につけた服は水をふくんで重くなり,

IX章　自殺を描く　219

あわれにもその美しい歌声をもぎとって，川の底の泥のなかに引きずりこんでいきました。
(『ハムレット』Ⅳ：vii，167～184，小田島雄志訳，白水社ブックス)

　自然に忠実というラファエル前派の教えに従い，ミレィは制作にあたってハグスミ川に出かけて土手の様子を写生した。また，そのモデルには温めた浴槽の中でポーズをとらせたと伝えられる。鮮やかな色と輝きは，これが薄幸の乙女の入水であることを忘れさせてしまう。だがよく見ると目はうつろで，運命を受け入れるかのように両手を開いており，花びらが降りかかっている。描かれたイラクサは苦痛，ヒナギクは無垢，ヒナゲシは死をそれぞれ象徴するものとされる。

　さて，これを話題にしたのは夏目漱石である。彼はロンドン留学中(1900～1902)，明治期洋画の先駆者，浅井忠(1856～1907)の案内で，テイト美術館（テート画館とある）を訪ね，熱心に説明を聴いたがあまり関心は示していないようす(『永日小品』[『漱石全集』第12巻，p.184，岩波書店])。それが『草枕』には2回取りあげられている。

　はじめは「余」(画工)は那古井に旅に出かけるが，その宿でこんな夢を見た。

　「…長良の乙女が振袖を着て，青馬(あお)に乗って峠を越すと，いきなり，さゝだ男とさゝべ男が飛出して両方から引っ張る。女が急にオフェリヤになって，柳の枝に上って，河の中を流れながら，うつくしい声で歌をうたふ。救ってやろうと思って，長い竿を持って，向島を追い懸けて行く。女は苦しい様子もなく，笑ひながら，うたひながら，行末(ゆくすえ)も知らず流れ下る。余は竿をかついでおゝいゝゝと呼ぶ」(『漱石全集』第3巻，p.30，岩波書店)

　漱石のオフェリア幻想である。

　また「余」は温泉につかって，オフェリアに思いをはせる。

　「…成程此調子で考へると，土左衛門は風流である。…余が平生から苦にしていた，ミレーのオフェリヤも，かう観察すると大部美しくなる。何んであんな不愉快なところを択んだものかと今迄不審に思って居た

が，あれは矢張り画になるのだ。水に浮んだ儘，或は水に沈んだ儘，或は浮んだり沈んだりした儘，只其儘の姿で苦なしに流れる有様は美的に相違ない。夫で両岸に色々な草花をあしらって，水の色と流れ行く人の顔と衣服の色に，落ちついた調和をとったなら，屹度画になるに違いない。然し，流れて行く人の表情が，丸で平和では殆ど神話か比喩になってしまう。痙攣的な苦悶は固より，全幅の精神をうち壊はすが，全然色気のない平気な顔では人情が写らない。どんな顔をかいたら成功するだろう。ミレーのオフェリヤは成功するかも知れないが，彼の精神は余と同じ所に存するか疑はしい。ミレーはミレー，余は余であるから，余は余の興味を以て，一つの風流な土左衛門をかいてみたい。然し思う様な顔はさう容易に心に浮かんで来さうもない。…」(p.85〜86)

漱石はオフェリアをもっぱら美的視点，とくに顔に注目した。風流な土左衛門というのは彼一流の辛辣な諧謔だが自殺については関心が深かった。

なおオデオン・ルドン（1840〜1916）も「オフェリア」を遺している（ナショナルギャラリー　ロンドン）。おぼろげに描かれたこのパステルの妖しい色彩。

4　ピカソ ── 「招魂」

ピカソ（1881〜1973）は故郷マラガから画の修業のためにバルセロナに移り，そこで1歳年上のカサヘマスと出あった。やがてふたりは意気投合して，ともに憧れのパリに旅立ち（1900），そこで共同生活をはじめた。ちょうどその頃パリは万国博覧会（1900）の景気で沸いていた。電気・電話・地下鉄・飛行船など，科学技術の発展に誰もが目を見張っていた。しかしその繁栄も自殺者の増加で帳消しになると論じたのは，社会学者デュルケムであった（『自殺論』中公文庫）。

ピカソもこの時代に忍び寄るペシミズムにも敏感な人であった。憂愁

〔ピカソ「招魂」1901,油彩　カンバス　150×90cm　パリ市立近代美術館〕

の「青の時代」はこんな背景から生まれた。彼は若いころから死に深い関心をいだいていた。彼は身辺に妹の死などいくつかの不幸があった。16歳の作「科学と慈愛」（1897，ピカソ美術館　バルセロナ）は母の死を描いている。彼自身，自殺を考えていたふしがある。彼はとても繊細な神経の持ち主であった。

　「招魂」の描かれた事情はつぎのようである。

　ピカソは友人カサヘマスと共同の生活をはじめたが，その頃，カサヘマスはジェルメーヌとの実らぬ恋に苦しんでいた。彼は一時故郷のマラガに帰るがまたパリに舞い戻り，そこであろうことか恋したその女性をピストルで撃ち，カサヘマスも飛び降り自殺した（殺人と自殺が同時におこる）。その報せに接したカサヘマスの母親は驚愕のあまり急死してしまう。ピカソは3人の死を一度に体験したことになる。事件の時，たまたまピカソはパリには居なかったが。

　ピカソがその翌年，悲劇の現場を見下す友人のアトリエで制作したのが「招魂（カサヘマスの埋葬）」（1901）である。縦長の画面の下の方から中世風の黒い衣を着た人，嘆き悲しむ家族（泣き女とも），右側に亡霊の入口のような神殿風の祠（ほこら）が見える。その上には赤ん坊を抱く老婦人と2人の子ども。さらにその上に白馬に乗った黒い衣の死者，それに覆いかぶさるように接吻する裸婦（カサヘマスの恋人か）。左の方には派手なストッキングの裸婦。かつて2人でさまよったモンマルトルのイメージを描くことによって，挫折した友人の鎮魂としたのであろう。

　この絵が語られる時いつも引き合いに出されるのはグレコ「オルガス伯爵の埋葬」（1586，油彩　サントトメ教会堂　トレド）である。ピカソの「招魂」はグレコのそれと同様，宗教的雰囲気がただよっている。画全体を覆う青色，長身化された人物，ピカソはやはりスペイン人である。

　なお，ピカソには「自殺者カサヘマス」（1901）がある。

　また，レーピン（1844～1930，19世紀のロシアを代表する画家）に「ゴーゴリの『自殺』」（1909，国立トレチャコフ美術館，モスクワ）がある。

5 カーロ ──「ドロシー・ヘイルの自殺」

　フリーダ・カーロ（1907〜54）はハンガリー系ユダヤ人の父と，メキシコ人の母との間に生まれる。高校生のとき，学寮から帰省の途中，乗っていたバスが電車と衝突して重傷を負い，子どもが産めない体になってしまった。彼女は大学生のころからメキシコ固有の文化を再興する民族運動に参加，その後，政治に深くかかわるようになった。ロシア革命後，亡命してきたトロッキー（1879〜1940）とも交流があった。

　カーロはその中で国民的壁画運動の指導者ディエゴ・リヴェラ（1886〜1957）と出あい，結婚そして離婚また再婚と，数奇な運命と戦いながら，その苦悩と情熱をカンバスにぶつけた。いずれも人をひきつけてやまない魅力をもっている。作品は人間と社会に対する鋭い批判で一貫しており，その精悍ともいえる顔立ちからもわかるように，彼女はたぐい稀な意志の人であった。

　ここにかかげた不気味ともいえる画はこんな事情で生まれた。カーロの親友のドロシー・ヘイルは，そこそこ知られた女優であった。しかし，肖像画家の夫が交通事故死してからは経済的にも行き詰まり，かつての女優としての名声も落ちめになった。そのために満足な仕事もなく，ふさぐことも多かった（喪失体験）。

　思い立ってヘイルは親しい友人を招いてカクテル・パーティを計画した。パーティに先立って友人のひとりに，「長い旅に出ることを決心した。その行き先は秘密にしておきたい。長い間留守にするので，その前にパーティをするから是非出席してほしい。その時どんなドレスを着て行ったらよいか」と電話した（自殺の決意と予告）。

　当日ヘイルはバーグドーフで特別に仕立てた黒のビロード服に，かつて交流のあったイサム・ノグチから贈られた花束の中から黄色いバラを選んで胸につけて出かけた（行動の変化）。そのパーティがお開きになっ

〔カーロ「ドロシー・ヘイルの自殺」1938, 油彩　硬質繊維布　木枠に着彩　60.4×48.6cm　フェニックス美術館〕

た6時間後, ニューヨークのハンプシャーハウスの高層アパートの窓から飛び降りて果てた。貧困と絶望の状況下にある自殺といえる。

　ヘイルの友人のひとりであるカーロが, ヘイルのレクエルド (追悼画) を描いてもよいと言っていた。友人たちはそれがヘイルの母親への贈り物となると考えて, カーロに注文した。それがこの画である。これを受け取った母親の衝撃は想像を絶する。絵の下方にはスペイン語で赤く「ドロシー・ヘイルの自殺, クレア・ブース・リュース (ヘイルの友人の名) の求めにより, ドロシーの母親のために描く」とある。宙に舞い地上にたたきつけられた花束をつけた死体, 額縁に滴り落ちる血…。

　カーロはこれをレタブロ (スペインやメキシコで教会に寄進する絵のこと) として描くと書いている。これこそ, カーロ自身の挫折・離別・

失意・孤独それに絶望の生涯を描いたものではなかろうか（ヘィディン，マルタ・マローラ，ローダ・ジャミ）。

6 ロダン ── 「カレーの市民」

　英仏百年戦争（14世紀）のさなかのことである。イギリス王エドワード三世はフランスに侵攻した。フランス王フィリップ六世は押されぎみであった。この戦いの中，カレーの市民は6か月の長きにわたった食糧攻めに耐えてきたが，ついに力つきイギリスの軍門に降り，開城をよぎなくされた。降服のさいに，イギリスはフランス側に条件をつけた。それは帽子をとり，素足で，縄を首にまきつけ，市の鍵をもった都合6人の有力市民をイギリス側に引き渡すというものであった。このとき名乗り出たのがこの6人の「カレーの市民」であった。もちろんそのころのことである。6人には死が待っていた。

　19世紀の終わりごろ，当時のカレーの市長はこの6人の市民の勇気をたたえるべく，最も知られた彫刻家ロダン（1840〜1917）にその像を注文した。いろいろいきさつはあったが，その像は市庁舎の前庭に完成した。

　この6人の像，ほぼ同じ背丈で，よくあるピラミッドの形には置かれていない。非凡の構成といえる。額に深い皺をよせる者，頭を垂れ両の掌をこわばらせている者，顔がくぼんで憔悴している者，後ろの方をふり返っている者，両足をふんばって刺すような目つきで鍵をにぎる者，その隣には頭をかかえ不安におののいている者が立っている。死を覚悟した人間群像である。

　いずれも迫りくる死を目前に，その苦悩がきわめて個性的かつ力強く刻まれていて感動する。自らを犠牲にして市民を守ろうと申し出た人たちに畏敬の念がこみあげる。この6人はのちイギリス王の特赦で解放されることにはなったが……。

〔ロダン「カレーの市民」1889,ブロンズ　180×233×220cm〕

　われわれはこの優れた作品を東京（上野）の国立西洋美術館の前庭でも親しく鑑賞できる幸せをかみしめる。

7　映画「ブリッジ（The Bridge）」

監督：エリック・スティール　93分（2006）

　サンフランシスコのゴールデンゲートブリッジ（金門橋）は年間900万の人たちが訪れる観光の名所である。紺碧の海に映える赤い橋はとても美しい。この橋が架けられたのは1937年，全長2,790m，高さ230m，海までの距離は66mあるという。

　この橋はまた自殺の名所としても知られている。架橋から70年間に1,300人がここから飛び降り自殺をしている。時速200kmで落下し，数秒で着水，ほとんどの人は死に至る。自殺者の飛び込んだ位置をプロットした地図がある。海側よりも陸側に向かった例が多いことがわかる。

　映画「ブリッジ」は2004〜2005年にかけての1年間，橋のたもとにカメラをすえて，この橋に誘われるごとくやって来ては消えた6人（うち1人は未遂）の実写と，その家族および関係者の苦悩と困惑を伝えてなまなましい。

　死を決意した人は，死にたいと思う一方，助けられたいと願うものと書かれているが，この映画は，白昼これが行われている現実を見せつける。だが，この映画は死を売りものにしたキワモノではない。

　さて，ここにあらわれる6人の自殺者は，統合失調症・そううつ病・アルコール依存などの病気に悩み，失業と孤独の中にいる人たちばかりである。ほかならぬ今日のアメリカ社会の病理を表している人たちだ。彼らの家族はいずれも事前に，自殺の危険にうすうす気づいており，友人たちは思い当たるふしがあると語っている。ここにでてくる未遂に終わった25歳青年は，「飛び降りたとたん，死にたくないとおもった。また姿勢をかえて足から着水した」と述べ，救助された後には「生きていてよかった」と証言している。

　それにしても，死の場所を求めてさまよっている人を見つければ，なにはさておき助けに行くべきだといぶかしく思った。パンフレットを見

ると撮影の期間中にも6人を救助したとあり，多少納得した。

　そこで思い出したことがひとつ。アメリカの劇作家マリオ・フラッティに「橋」（訳は未来社）という作品がある。この作品はニューヨークのブルックリンに架かる橋が舞台である。そこは投身自殺の名所であった。うらぶれて死を決意したプエルトリコの男と，飛び降り自殺をくいとめることを職務とするベテランと新米の2人の警官の3人の問答である。はじめ男は警官の説得に肯（がえ）んじなかったが，家族を話題にしたときようやく男は死を思いとどまった。

　ここでもうひとつ。アメリカの自殺研究者ウェイスはこの飛び降り自殺について書いている。ここにあるようには翻意しないで飛び込む例があるという。そのとき，警官はかねて用意の救命ブイを水面めがけて投げる。多くはこれにすがって引き上げられることになるが，中にはなお頑としてこれを拒む者がある。すると警官は彼に向かってピストルをつがえる。これに気づいた男は，この時ばかりはブイに手をかけるという。ウェイスはこのような例から，いかに深く死を決心した者も，ついには助けを求めるものだ。つまり死を決意し決行した者でさえも，このような現実があることに注目すべきことを述べている。

　ちなみにアメリカにおける自殺予防活動の先駆者シュナイドマンは自殺を"Cry for Help"（救いを求める叫び）—— 彼の著書の題名ともなる —— と定義したが，このような事実を知ってのことであると思う。

　監督エリック・スティールは「私はこの映画が最も足を踏み込めない人間の内面を映し出し，そして自殺について真剣に，今までとは違った側面から話し合うことを喚起すると信じています」とメッセージを発しているが，この映画のすべてを語っていることばである。

　なお，現代中国のこと，文化大革命時代に完成した南京長江大橋（1968年，全長4,600m）からの飛び降り自殺が多発しており，その多くは農民工であるという（NHKBSテレビ）。

あとがき

　序章でもふれたように，筆者の教師としての生活は担任した生徒の自殺ではじまった。その後に経験した既遂・未遂のひとつひとつの事例が，今なお鮮明に脳裏に浮かぶ。あのときどうしてもう一歩踏み込まなかったのか，また，あの指導ではたしてよかったのかと悔やまれることばかりである。筆者にとって，ささやかではあるが鎮魂の書としたいのである。

　40年ほど前，筆者は職務として「精神健康指導の手びき　第一集　自殺問題を中心として」（愛知県教育委員会，1974）を編んだ。B5判，63頁の渺たる小冊子であるが，この種の手びきの嚆矢となった。その中で述べた主旨は今も変わらない。

　月日はながれて「子どもの自殺予防」（平成21年，A4判，55頁）および「緊急対応の手引き」（平成22年，A4判，12頁）が文部科学省から発刊された。大判の色あざやかな冊子である。これを手にしたとき，今昔の感に堪えなかった。このふたつの冊子は最近の自殺研究の成果をもり込み，予防の基礎・基本を簡潔にまとめたものである。ことに指導の際の心得についての記述は平明で，間然とするところはない。また第34回日本自殺予防学会総会，プログラム抄録集（2010，大妻女子大学）をみると，自殺予防活動の広がり，深まりがあきらかで，学会発足の昔を思い出すと，時の流れを思い知らされる。

　そこに本書である。屋上屋を架すとの誇りはまぬがれないが，それでもなにかひとつ，つけ加えたい思いがある。子どもの自殺という難題に対応するためには，まずは指導の基本原則を示すことが大切だ。しかし，新しい事例に直面するたびに，それらがあえなく覆ることをしばしば体験した。あえて個々の事例の経過をたどることに心したのは，これがあっ

てのことである。子どもの自殺は大人の自殺同様，きわめて多様であってひとつのマニュアルで間にあうものではない。事例を通じて臨機の対応ができるよう感覚を鍛えあげるほかはない。子どもの自殺の全貌はまだ解明されていないのである。

　本書で十分ふれなかった問題に「死の教育」「自死遺族対応」「喪のしごと（grief work）」がある。また，学校における自殺予防教育については阪中順子（小・中学校），菊池まり（高等学校），新井肇（大学）らの注目すべき実践があり，また野々山尚志（中学校）の報告があり，大学生の自殺については，大学保健センター，日本学生相談学会が長く関心を寄せ，報告に「学生相談研究」がある。大学生の自殺については，中・高校時代の資料を欠くことはできないことはもちろんである。今後両者による共同の研究が望まれる（石井完一郎『青年の生と死の間』弘文堂，1976）。職務上，自殺に接することのある看護師のかかわり方については田中美恵子編『自殺の看護』（すぴか書房，2010）がでた。この中に，看護の立場から，子どもの自殺が取りあげられている。

　筆者は，自殺は心理のほか歴史や文化の文脈からもとらえるべきものであると主張してきた。Ⅶ，Ⅷ，Ⅸ章やコラムはその一端である。

　ここに集められたものは単行本や雑誌・紀要等に発表したものだが，とくに今日的問題や文化的背景については新たに稿を起こした。小著をまとめるにあたっては，同僚・先輩・研究者各位の助言や指導を得た。心よりお礼を申し上げる。なお，編集については前著同様，ほんの森出版の小林敏史氏に格別お世話になった。

　限りなく重いこの課題について，力が及ばなかったことを深く感じつつ筆を擱く。

　2012年8月

　　　　　　　　　　　　　　　　　　　　　　　　長岡　利貞

〈著者略歴〉

長岡　利貞（ながおか　としさだ）

愛知県に生まれる。現名古屋大学卒。愛知県立高校教諭，愛知県教育委員会指導主事，同教育センター教育相談研究室長を経て椙山女学園大学人間関係学部教授。学校教育臨床担当。この間，社会福祉法人愛知いのちの電話協会訓練委員長，理事，理事長を務める。現在は愛知電話相談ネットワーク代表として地域における電話相談の理論化と実践にあたる。

　所属学会
　　日本学校教育相談学会名誉会員
　　日本自殺予防学会会員
　　日本電話相談学会名誉会員
　著書・論文等
　　『中・高校生の自殺予防』東山書房，1980 年
　　『精神健康の指導』愛知県学校保健会編，東山書房，1980 年
　　『教育相談のマスターキー』愛知県教育センター編，第一法規，1986 年
　　『高校生とオートバイ』私家版，1988 年
　　『青少年の自殺』（共著）同朋舎，1988 年
　　『欠席の研究』ほんの森出版，1995 年
　　『電話相談―現代のアジール』ほんの森出版，2010 年
　　その他，自殺予防，電話相談に関する論文多数。

自殺予防と学校 ― 事例に学ぶ

2012 年 9 月 1 日　初版発行
2012 年 12 月 13 日　第 2 版発行

著　　者　長岡利貞
発 行 人　小林敏史
発 行 所　ほんの森出版株式会社
　　　　　〒145-0062　東京都大田区北千束3-16-11
　　　　　Tel 03-5754-3346　　Fax 03-5918-8146
　　　　　ホームページ　http://www.honnomori.co.jp

Printed in Japan　印刷・製本所　電算印刷株式会社
ISBN 978-4-938874-84-1 C3037　落丁・乱丁はお取り替えします